高等职业教育汽车运用与维修技术专业规划教材

Qiche Zhuanghuang yu Meirong Jishu
汽车装潢与美容技术

（第2版）

全华科友　组织编写

彭保才　王　会　主　编

人民交通出版社股份有限公司
China Communications Press Co.,Ltd.

内容提要

本书是高等职业教育汽车运用与维修技术专业规划教材,共分为汽车美容、汽车装饰、车身电器的加装、轮胎养护四个单元,主要内容包括:汽车清洗、轮毂清洗、汽车漆面抛光、打蜡、封釉、汽车漆面镀膜、镀晶、汽车内饰清洁、消毒、上光、车窗太阳膜装饰、车身改色、座椅的装饰与安装、车内饰品装饰、汽车底盘装甲、汽车玻璃修复、汽车音响的加装、汽车装饰性照明灯、倒车雷达的加装、更换轮胎、动平衡、粘贴法修补轮胎、橡胶钉修补轮胎。

本书可供高等职业院校汽车类专业教学使用,也可作为相关行业岗位培训或自学用书。

图书在版编目(CIP)数据

汽车装潢与美容技术 / 彭保才,王会主编. —2版
. —北京:人民交通出版社股份有限公司,2018.5
ISBN 978-7-114-14306-9

Ⅰ. ①汽… Ⅱ. ①彭… ②王… Ⅲ. ①汽车-车辆保养-高等职业教育-教材 Ⅳ. ①U472

中国版本图书馆CIP数据核字(2017)第268889号

书　　名:汽车装潢与美容技术(第2版)
著 作 者:彭保才　王　会
责任编辑:张一梅
责任校对:张　贺
责任印制:张　凯
出版发行:人民交通出版社股份有限公司
地　　址:(100011)北京市朝阳区安定门外外馆斜街3号
网　　址:http://www.ccpress.com.cn
销售电话:(010)59757973
总 经 销:人民交通出版社股份有限公司发行部
经　　销:各地新华书店
印　　刷:北京市密东印刷有限公司
开　　本:787×1092　1/16
印　　张:14.25
字　　数:327千
版　　次:2008年1月　第1版
　　　　　2018年5月　第2版
印　　次:2018年5月　第2版　第1次印刷　累计第7次印刷
书　　号:ISBN 978-7-114-14306-9
定　　价:33.00元

(有印刷、装订质量问题的图书由本公司负责调换)

前　言

自20世纪90年代以来，汽车美容与装饰行业在我国迅猛发展，尤其是进入21世纪后，汽车保有量的迅速增加，为汽车美容、装饰行业的发展提供了广阔的空间，短短十几年，汽车美容、装饰店如雨后春笋般遍布全国各地。

目前，我国现有的技术工人普遍采用师傅带徒弟或现有书籍的学习方式，基础较差，技术力量薄弱，远远不能满足汽车美容、装饰行业的需求。作者从事汽车美容、装饰专业20余年，不断钻研创新，培养出许多综合型专业技能人才。为了满足技工院校对汽车美容、装饰专业的发展和汽车美容、装饰企业的用工需求，特编写《汽车装潢与美容技术》（第2版）一书。

本教材以汽车美容、装饰工作中的实施操作为主线，配有所需设备、工具及相关材料；根据实施项目内容的具体要求，图文并茂，通俗易懂，使读者能系统地掌握汽车美容与装饰的操作方法及工艺流程。

本教材共分四单元十八章，每章节为一个独立的学习内容，每个学习内容都有专业技术、技巧，使读者掌握一技之能，做汽车美容、装饰行业的"白衣天使"。

本教材由北京汽车技师学院高级技师彭保才、北京工业职业技术学院副教授王会担任主编，北京汽车技师学院胡海玲、张娜、陈猛担任副主编，参加编写的人员有北京汽车技师学院李玉鹏、李超、刘飞凡、梁海鸽、葛翘。编写分工为：第一单元由胡海玲、刘飞凡、梁海鸽编写，第二单元由张娜、李玉鹏、葛翘编写，第三单元由彭保才编写，第四单元由王会、陈猛、李超编写。

鉴于编写时间短和水平有限，书中难免存在疏漏和不妥之处，敬请业内同行和职业学校的使用者批评指正，以便再版时修改完善。

编者

2017年11月

第一单元　汽车美容

第一章　设备、工具、材料使用说明	2
第二章　汽车清洗	9
第一节　汽车清洗工具与设备	9
第二节　汽车清洗操作流程	9
思考题	17
考核评价	17
第三章　轮毂清洗	19
第一节　汽车轮毂清洗工具	19
第二节　轮毂清洗操作流程	19
思考题	21
考核评价	22
第四章　汽车漆面抛光、打蜡、封釉	23
第一节　汽车漆面美容工具	23
第二节　车蜡的作用与选择	23
第三节　抛光、打蜡、封釉操作流程	24
思考题	29
考核评价	29
第五章　汽车漆面镀膜、镀晶	33
第一节　汽车漆面美容工具	33
第二节　汽车漆面镀膜和镀晶操作流程	33
思考题	36
考核评价	36
第六章　汽车内饰清洁、消毒、上光	39
第一节　汽车内饰清洁、消毒设备	39
第二节　汽车内饰清洁、消毒、上光操作流程	39

| 思考题 | 45 |
| 考核评价 | 45 |

第二单元　汽车装饰

第一章　设备、工具、材料使用说明 … 48
第二章　车窗太阳膜装饰 … 52
- 第一节　车窗太阳膜装贴工具 … 52
- 第二节　汽车太阳膜 … 52
- 第三节　汽车太阳膜装贴 … 57
- 思考题 … 61
- 考核评价 … 61

第三章　车身改色 … 63
- 第一节　车身改色工具 … 63
- 第二节　车身改色膜 … 63
- 第三节　车身改色流程 … 65
- 思考题 … 70
- 考核评价 … 70

第四章　座椅的装饰与安装 … 72
- 第一节　座椅装饰工具 … 72
- 第二节　座椅装饰 … 72
- 第三节　座椅装饰流程 … 78
- 思考题 … 88
- 考核评价 … 88

第五章　车内饰品及香品装饰 … 92
- 第一节　车内饰品装饰 … 92
- 第二节　车内香品装饰 … 95
- 第三节　车内饰品装饰流程 … 96
- 思考题 … 100
- 考核评价 … 100

第六章　汽车底盘装甲 … 103
- 第一节　汽车底盘装甲工具 … 103
- 第二节　汽车底盘装甲操作流程 … 105
- 思考题 … 111
- 考核评价 … 111

第七章　汽车玻璃修复 … 113
　　第一节　汽车玻璃修复工具 … 113
　　第二节　汽车玻璃修复操作流程 … 114
　　思考题 … 118
　　考核评价 … 118

第三单元　车身电器的加装

第一章　设备、工具、材料使用说明 … 122
第二章　汽车音响的加装 … 128
　　第一节　汽车音响加装工具 … 128
　　第二节　汽车音响操作流程 … 128
　　第三节　汽车音响加装 … 132
　　思考题 … 147
　　考核评价 … 147
第三章　汽车装饰性照明灯 … 149
　　第一节　汽车装饰性照明灯工具 … 149
　　第二节　汽车装饰性照明灯种类 … 149
　　第三节　汽车装饰性照明灯安装 … 156
　　思考题 … 166
　　考核评价 … 167
第四章　倒车雷达的加装 … 171
　　第一节　倒车雷达安装工具 … 171
　　第二节　倒车雷达 … 171
　　第三节　倒车雷达安装操作流程 … 173
　　思考题 … 177
　　考核评价 … 177

第四单元　轮胎养护

第一章　设备、工具、材料使用说明 … 180
第二章　更换轮胎 … 184
　　第一节　更换轮胎工具 … 184
　　第二节　更换轮胎操作流程 … 184
　　思考题 … 190

| 考核评价 | 190 |

第三章　动平衡 192

第一节　动平衡工具 192

第二节　动平衡操作流程 192

思考题 197

考核评价 197

第四章　粘贴法修补轮胎 199

第一节　粘贴法修补轮胎工具 199

第二节　粘贴法修补轮胎操作流程 199

思考题 205

考核评价 205

第五章　橡胶钉修补轮胎 208

第一节　橡胶钉修补轮胎工具 208

第二节　橡胶钉修补轮胎操作流程 208

思考题 216

考核评价 216

参考文献 218

第一单元
汽车美容

第一章 设备、工具、材料使用说明

一、设备

设备名称及使用范围见表1-1-1。

设备名称及使用范围　　　　　　　　表1-1-1

设备名称	图例	使用
高压清洗机		喷枪由枪体、手柄、扳机及喷嘴等组成,通过喷枪的喷嘴可以调节出水流的形状,常用的为柱状和扇状两种。柱状水流冲击力大,可以除去汽车车身上的干涸泥土和顽固污渍;扇状水流覆盖面积大、除污效率高,适于除掉一般污垢
泡沫机		(1)打开加水阀和排气阀,加入70kg水,观看水柱高度为准,然后加洗车液350mL(如果是新机,第一次最好加400mL洗车液,根据洗车液的浓度来决定加注量) (2)把加水阀和排气阀关好,然后用快速接头接好空气压缩机,再调压至400kPa气压(注:压力开关顺时针旋转为加大压力,反之为减少) (3)以上工作准备好后,开动空气压缩机。待压力在400kPa时,打开喷枪阀开关,即可喷洒泡沫,喷洒距离为0.5~0.7m,喷射距离可用压力来调节 (4)每加满70kg水和350mL洗车液后,可洗小轿车30~40辆(根据洗车液质量确定洗车数量) (5)每桶4L洗车液可洗300辆左右汽车(根据洗车液质量确定洗车数量) 备注:泡沫机气压阀出厂时已调好气压,如无需要,请不要再调气压阀
空气压缩机（俗称气泵）		空气压缩机具有供气量自动调节系统,当储气罐内的气压超过额定排气压力时,气压达到规定值后气压开关断开自动停止工作,当储气罐内的气体压力因外部设备的使用而下降到额定排压以下0.2~0.3MPa时,气压开关自动复位,空气压缩机又重新工作,使储气罐内压缩空气压力保持在一定范围内
脚垫甩干机		(1)将洗好的车脚垫放进脱水机筒内,均匀摆布 (2)轻按绿色电源起动开关,滚筒转动开始工作,3min后自动断电,慢慢停下来,脱水工作完毕 (3)若遇到紧急情况或认为设定的时间过长,可按动红色"紧急停机"按钮,让滚筒提前停止

第一单元　汽车美容

续上表

设备名称	图例	使用
干湿吸尘机		（1）请将软管插入吸入口，不要有脱落的现象，再接好延伸管，装上所需要的各种配件(包括地板刷、吸水刷、地毯刷等) （2）吸尘前检查过滤器确定安装，再开始使用 （3）在使用中应注意电动机吸力是否顺畅，若吸力有减弱或吸力不足时，检查及清除过滤器上的灰尘或检查软管中是否有污物阻塞软管 （4）当需要吸水时，装上过滤器或(选购吸水专用滤网)，使用后把过滤器清洗干净，再晒干使用(若过滤器有破损时清即刻更换) （5）吸水时水位满时，立刻关掉电源，把水倒掉后再使用
打蜡机		使用前安装专用毛巾，把电源线搭在肩膀上，双手扶住打蜡机两侧扶手，接触漆面，打开开关，左右移动。离开漆面时，待打蜡机完全在漆面上停止转动时，再移开打蜡机
封釉机		把封釉机专用海绵球或兔毛球对准封釉机托盘的圆心贴好，接上电源，把电线搭在右肩上。左手扶把，右手握横把，用中指控制横把开关，并根据移动速度调节调节器。封釉机起动时，先把封釉机放在漆面上，再起动开关；封釉机离开漆面时，先把封釉机完全在漆面上停止转动时，再把封釉机离开漆面
抛光机		把电源线搭在肩膀上，左手扶横把，负责使用压力和移动抛光机，右手握直把，负责电源开关和保持抛光机平衡。倒适量的抛光蜡在漆面上，抛光海绵球接触漆面，轻轻起动电源开关，把车蜡均匀铺开，使用适当压力把汽车漆面划痕抛除干净即可
蒸汽消毒机		内室蒸汽清洗机用于清除汽车驾驶室及车厢内的各种污渍。可对丝绒、化纤、塑料、皮革等不同材料进行清洗，还可以去除车身外部塑料件表面的蜡迹。不仅具有较强的去污功能，且还具有高温杀菌消毒的作用，特别是对带有异味的污垢有很强的清洗作用，能使皮革恢复弹性、丝绒化纤还原至原有光泽，是汽车内室美容的首选设备 （1）首先将续水口打开，注满清水(可同时加点花露水) （2）连接电源，打开加温开关即可加温 （3）蒸汽消毒机加温10~15 min后，温度表指针指向"绿色"，表明已产生蒸汽 （4）打开蒸汽开关与手柄开关即可放出蒸汽 （5）清洗前用半湿白毛巾裹住刷头，以免损伤汽车内室部件 （6）清洗时可根据室内不同物面调节蒸汽出气量大小(顺时针调小，逆时针调大)

续上表

设备名称	图例	使用
臭氧消毒机		臭氧属于广谱杀菌,依靠其氧化性产生对病毒、细菌及霉菌等微生物的强杀灭作用 (1)起动发动机,调整内循环空调制冷模式,风速调整为中速 (2)把臭氧出气管穿过车窗玻璃,置于仪表板中间空调出风口位置 (3)连接电源,打开电源开关,调整控制时间为15~30min (4)待机器停止后,取出臭氧出气管 (5)熄火发动机,打开所有车门通风10min,关闭车门

二、专用工具

专用工具名称及使用见表1-1-2。

专用工具名称及使用　　　　　　　　表1-1-2

工具名称	图例	使用
轮胎刷		主要用于轮胎部位泥土、污垢等污渍的清除,不能用于车漆的刷洗,以免损伤车漆
轮毂刷		清除轮毂上残渣、污渍
仪表刷		用于仪表、车门等缝隙灰尘的清除
吹尘枪		配合空气压缩机使用,用于吹出藏于车身装饰条、倒车镜、车身缝隙等处的尘土和水分
牙刷		牙刷宜选用中毛牙刷,是轮毂清洗的最佳搭档,主要用于轮毂局部不易清洗部位的清洁
羊毛手套		由于羊毛手套具有柔软(弹性好)、吸水性强和较好的藏土藏尘能力等特点,有利于保护漆面及提高作业效率。清洗汽车时,能使沙粒或尘土很容易藏于羊毛手套的毛内,这样可以避免因擦洗工具过硬或不能包容泥沙而给车身表面造成划痕,使用前让羊毛手套吸入适量已经配好的洗车液,这样可用于清除车漆上附着较强的污垢

续上表

工具名称	图例	使用
毛巾		用于车身、轮毂清洗过后水分的擦拭、干燥
小毛巾		小毛巾主要用于擦拭车身、仪表板、玻璃、门边及座椅等处的污垢
喷枪	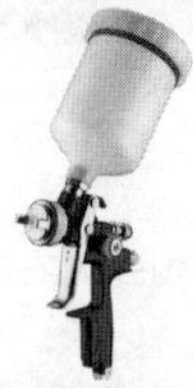	接通气源，打开喷枪扳机并保持住，调整气压旋钮，至压力200kPa，调整流量旋钮1.5~2圈，旋开扇叶旋钮至全开，并往回调整半圈
软毛刷子		用于汽车内饰皮革、塑料件等饰件的刷拭。当饰件的污渍较厚时，泡沫清洁剂本身成中性，溶解较慢，使用毛刷配合刷拭提高工作效率

三、材料

清洗用品及使用见表1-1-3。

清洗用品及其使用 表1-1-3

材料名称	图例	使用
麂皮		质地柔软，具有耐磨性好和防静电等特点，且吸水性强，擦出的车身不留任何的水迹，适用于擦车身漆面及玻璃
玻璃清洁剂		清洗汽车玻璃上的污渍，使玻璃清晰透亮
沥青清洗剂		用于清除车身部位的沥青、树胶、虫尸等污渍
洗车液		（1）按(洗车液∶水)1∶80的比例稀释洗车液（根据不同洗车液的要求配比） （2）彻底清洁车身，去除可能伤及漆面的灰尘 （3）用柔软的羊毛手套或海绵、毛巾擦拭车身表面 （4）彻底清洗，并用擦车布擦干车身

续上表

材料名称	图例	使用
表板蜡		有效的保护人造皮革、塑料及橡胶制品免受紫外线、高温、臭氧的影响，防止仪表板、皮革制品的褪色、老化、龟裂、起皱等 　　使用前先摇匀本品，距离物体表面20~30cm均匀喷射，用干净的软布擦拭均匀即可
轮毂清洗剂		能有效地去除轮毂上的油渍、氧化色斑，并能清洁上光。本产品呈弱酸性，但对轮毂及轮胎均无腐蚀作用 　　将该产品直接喷涂在汽车的轮毂上，然后用软布或者牙刷擦拭干净即可
轮胎蜡		轮胎蜡具有有效地复新残旧的轮胎层，能在数分钟内彻底渗透轮胎表层，带走污垢，防止轮胎硬化、爆裂，使之恢复原色，光亮如新。pH值中性，无腐蚀。使轮胎表面发黑、发亮，效果持久 　　将本品摇匀后加入喷壶，在距离轮胎20~30cm处均匀喷洒，5~10min后让其自然干透即可(把轮胎的水分抹干后喷洒，效果更佳)
皮革保护剂		用于汽车仪表台、皮革座椅，有卓越的皮革抗老化性能、耐高、低温，不含溶剂，不粘皮，能增加皮革制品的手感，使之更加柔软自然，赋予皮革制品优良的光泽性、耐干湿擦性、柔韧性，而且还具有优良的附着力以及防水、去污、抗污染性能 　　将待清洁物品表面清洗干净并擦干，用半干毛巾均匀涂开于待清洁物品表面
万能泡沫清洗剂		去污力强，尤其对丝绒及地毯表面可起到清洁、柔顺、还原着色、杀菌等功效 　　喷洒适量清洗剂至需清洗部位，待泡沫逐渐溶解，用洗净的软布轻轻擦拭干净
美容泥		冲洗去除车身表面泥土、沙尘；在有水的油漆表面使用美容泥轻轻摩擦；使发黑的美容泥表面捏到其内部，尽量保证干净的美容泥表面摩擦车身；使用后令油漆表面产生光滑
3M至尊美容粗蜡（重切削）		与抛光轮配合具有快速切削漆面划痕，可产生表面高速切削效果，能有效去除包括1000号砂纸在内以及其他未伤及底漆之重度划痕，使用时配合3M5711白色粗抛羊毛轮使用可彻底去除漆面缺陷，处理后漆面产生光滑手感 　　使用抛光机(转速1000~1500r/min)并配备3M5723海绵抛光轮使用 　　(1)倒本品适量于2ft见方的漆面上，并配合3M5723海绵抛光轮将其分散涂匀 　　(2)当本品变干时，减少压力，持续抛光直至漆面出现极高光泽

第一单元　汽　车　美　容

续上表

材料名称	图　例	使　用
3M美容镜面蜡		用于漆面经过3M各粗、中漆面研磨剂研磨后的美容处理，去除各种粗、中蜡留下的旋纹或各种细微刮痕，使漆面达至高光泽之"镜面"效果，本品不含硅及油脂，适于喷漆车间使用 使用抛光机（转速1500~2500r/min）并配备3M5725海绵抛光轮使用 （1）倒本品适量于2ft见方的漆面上，并配合3M5725海绵轮将其分散涂匀 （2）当本品变干时，减少压力，持续抛光直至漆面出现极高光泽
3M红宝石乳蜡		用于去除汽车漆面细微之氧化膜，产生高亮度、深层润泽、耐久性佳之漆面保护效果。本产品使用于所有固化之漆面，对清漆安全 可配合使用3M PN01013拭车布手抛或使用抛光机抛亮
格耐釉		采用高分子结构的漆面保护剂，有效去除污垢，渗透填塞漆孔，具有防氧化、耐高温、防褪色、防酸碱、防静电、抗高温、抗紫外线等功能 利用封釉机将釉剂反复挤压进车漆漆孔中，使漆面形成一层网状的保护膜
美纹纸胶带		美纹纸胶带具有黏性好，易清洁，使用方便，主要用于遮盖标志、字母、胶条、镀络件等附件
波浪海绵球 （3M 05723）		3M 05723波浪海绵球专用于粗、中蜡抛光，安全高效、耐用，配合中切削粗蜡可以去除中轻度划痕、2000号砂纸痕、指甲纹、中度氧化层、顽固污渍等
波浪海绵球 （3M 05725）		3M 05725波浪海绵球具有拉力强，密度均匀，安全高效，耐用，海绵细腻度及柔软度极佳，配合镜面处理剂去除粗蜡残留的螺旋纹、光圈、太阳纹、轻污渍，让漆面达到镜子般的光亮光滑度
海绵球		用于漆面打蜡，使用海绵球将车蜡均匀涂抹于车身漆面
遮蔽保护膜		遮盖汽车塑料件、胶条，前照灯、尾灯以及玻璃等附件

7

续上表

材料名称	图例	使用
镀膜剂		镀膜具有防静电、防紫外线、防水、防划痕、耐腐蚀、耐清洗、阻燃等功能 （1）清洗车身 （2）漆面抛光去除划痕 （3）使用遮蔽纸和纸胶带遮蔽塑料件、玻璃等部位 （4）使用专用喷枪，调整气压、流量和喷幅，均匀喷涂于油漆表面 （5）待镀膜剂20~30min变干后，使用专用毛巾擦拭干净
镀晶剂		镀晶具有耐高温、抗氧化、抗划痕、防腐蚀、高硬度的功能 （1）清洗车身 （2）漆面抛光去除划痕 （3）油漆表面脱脂，使用毛巾擦拭全车身 （4）使用专用海绵和毛巾均匀涂抹镀晶，建议分块进行作业 （5）使用专用毛巾擦拭干净

第二章 汽车清洗

学习目标
- ❖ 能够正确使用工具并对其进行维护；
- ❖ 会正确勾兑清洁剂；
- ❖ 会正确使用洗车设备及工具；
- ❖ 能安全规范进行现场汽车清洗操作。

第一节 汽车清洗工具与设备

工具是技术工人的贴心助手，合理的选用工具可以提高作业速度及质量。专业的工具与设备是提高汽车清洗作业速度与质量的基本方法，掌握汽车美容工具与设备的基础知识，并对其正确使用和维护。

一、设备

高压清洗机，泡沫机，空气压缩机（俗称气泵），脚垫甩干机，干湿吸尘机。

二、专用工具

轮胎刷，轮毂刷，仪表刷，吹尘枪。

三、材料

羊毛手套，大毛巾，小毛巾，麂皮，玻璃清洁剂，沥青清洗剂，洗车液，表板蜡，轮毂清洗剂，轮胎蜡，皮革保护剂，万能泡沫清洗剂。

第二节 汽车清洗操作流程

汽车在行驶过程中，由于漆面与空气摩擦产生静电吸附灰尘，以及紫外线、酸雨、鸟粪和树胶的侵蚀，如果得不到及时的清洁，容易造成漆面氧化、老化，甚至龟裂。驾驶室长期得不到清洁，会发生霉变，产生异味和病菌，对身体造成伤害。汽车清洗是解决问题的最基本方法。

一、施工前的准备工作

1. 工作人员准备

穿戴工作服、劳保鞋。

2. 场地准备

电源、水源、灯光、材料、工具、设备。

3. 车辆检查

（1）车辆停放到汽车清洗工位合适位置，拉起驻车制动器操纵杆、变速杆置于停车挡（图1-2-1）、车辆熄火，拔出点火钥匙。

（2）检查车辆外观和内饰是否有损伤（图1-2-2），若有损伤，进行登记记录，并告知车主进行签字确认（外观：车身油漆、车窗玻璃、轮毂轮胎等；内饰：仪表台、座椅、车门及电器开关等）。

（3）检查车辆的门窗玻璃和天窗关闭情况（图1-2-3），未关闭，打开点火开关关闭车窗。

图 1-2-1　变速杆置于停车挡

图 1-2-2　检查车辆

图 1-2-3　关闭车窗玻璃

二、汽车清洗注意事项

（1）在阳光直射下严禁洗车。

（2）禁止高压水枪指对人身。

（3）清洗汽车油漆表面时，禁止使用刷子、粗布，以避免刮伤油漆表面。

（4）禁止使用碱性或酸性过强的溶液（如洗衣粉、洗洁精）。

（5）高压水冲洗时，车身应使用扇状水流喷射清洗，底盘使用高压圆柱水流冲洗，清洗人与车身最好保持30cm以上的安全距离。

（6）高压水枪的出水压力严禁超过7kPa，否则会损伤车漆。

（7）冲洗车前中网部位时，应使用扇状水流，不得使用圆柱水流对散热器或冷凝器的散热片冲刷，以免造成损坏。

（8）在冬天洗车时，为了防止水滴在车身上结冰，造成漆层破裂，应选用温水洗车，水温严禁超过35℃，否则会损伤漆膜。

（9）鸟粪和树胶对车漆腐蚀较严重，发现后应立即处理，防止漆面龟裂、老化。

（10）操作人员禁止穿戴戒指、皮带、手表以及明扣明拉链的衣物，防止划伤漆面造成损失。

三、汽车清洗流程

1. 高压水冲洗车辆

高压水冲洗车辆是使用高压清洗机产生的高压水冲去车身表面的污垢。

（1）引导车主将汽车开进车辆清洗车间指定位置，停放平稳并熄火以后，打开主驾驶室车门，迎接车主到客户休息室休息，操作人员绕车检查车身是否有损伤部位，告知车主。检查车门、车窗、天窗是否关好，确认无误后方可用高压水冲洗车辆（如果没有关闭，请车主关闭车窗、天窗）。使用高压清洗机产生的高压水冲去车身灰尘、泥土及其他污垢。

（2）车身外部冲洗流程：

①高压清洗机水枪的操作方法。高压清洗机水枪头分为长、中、短三种，如图1-2-4~图1-2-6所示。

图1-2-4　长水枪头　　　　图1-2-5　中水枪头　　　　图1-2-6　短水枪头

长水枪头：一只手负责开关，另一只手负责水枪头的摆动。优点：清洁能力强，便于车身下半部分和底盘的冲洗，但操作不方便。

中水枪头：一只手负责开关，另一只手负责水枪携带的水管。优点：既有清洁能力，又有操作方便，但负责开关的手累。

短水枪头：一只手负责开关，另一只手负责水管。优点：便于操作，省力气，但清洁能力差。

②水枪头喷水方向与漆面保持30°~45°夹角，水枪头与车身保持15~60cm距离，按照先上后下的顺序进行冲洗操作，如图1-2-7所示。

③打开高压清洗机开关，首先淋湿车身，减少车身污渍附着力，方便快速冲净车身表面的泥沙、鸟粪等污渍，如图1-2-8所示。

图1-2-7　水枪头的使用　　　　　　图1-2-8　淋湿车身

冲水洗车顺序：车顶→后风窗玻璃→行李舱盖→车门→底盘→左后车轮→后保险杠→车门→右后车轮→底盘→前风窗玻璃→前发动机舱盖→左前车轮→前保险杠→右前车轮，如图1-2-9所示。

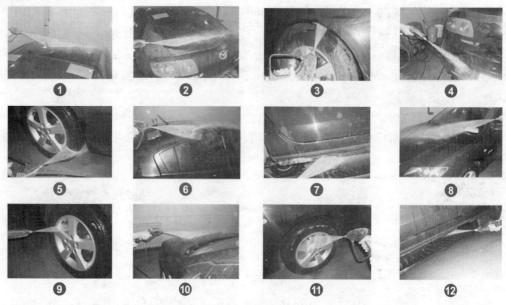

图 1-2-9 冲水清洗顺序

注意：整个冲水清洗过程中始终保持一个方向向另一边的斜下方冲洗，不要正向或反向冲洗，以免将泥沙冲回已经冲洗干净的部位。冲水清洗最重要的部位是车身的下部及底部，这些部位都聚集着大量的泥沙和污物。如果漆面留有泥沙污物，那么在擦时就会划伤漆面。如果刚下完雨，车身下部位比较脏，必须打开车门冲洗干净连接处的泥沙，如图1-2-10、图1-2-11 所示。

图 1-2-10 冲净缝隙污渍

图 1-2-11 冲净车门连接部位

冲车的质量标准：冲净车身表面的污渍，轮毂轮胎无明显泥沙，车轮后面漆面无泥沙污渍。

2. 喷洒清洗剂

打开泡沫机气压开关，压力达到3~4kPa 时，拿住泡沫机喷头从车的一面绕至另一面，一只手拿软管，另一只手拿喷头，打开喷头开关，上下来回摆动喷头往回走，直至泡沫喷洒全车，如图1-2-12 所示。

喷沫的质量标准：泡沫喷洒均匀、美观。

3. 擦洗车身

擦洗车身分为两部分，依车身装饰条为界限，

图 1-2-12 喷洒清洗剂

其中一部分为上面：装饰条以上部位（包括发动机舱盖、前翼子板、所有车窗玻璃、车顶、车门上半部位、后翼子板、行李舱盖）；另一部分为下面：装饰条以下部位（包括前后保险杠、车门下半部位、车轮）。擦洗时，要先擦洗上半部位，再擦洗下半部位，由于下半部位比上半部位脏，上下混洗会损伤上半部位漆面，如图1-2-13、图1-2-14所示。

图1-2-13　擦洗车身上半部分　　　　　图1-2-14　擦洗车身下半部分

　　戴上羊毛手套或海绵，按照从上到下的顺序擦洗车身。擦洗时应注意先擦洗边棱后擦洗平面，同时注意车身表面有些冲洗不掉的附着物，不可用力猛擦，以免擦伤车身漆面。

　　清洗车轮：先使用羊毛手套对轮毂进行预洗，用清水冲净；再使用轮毂清洗剂喷洒轮毂，轮毂刷刷拭轮毂；轮胎刷刷拭轮胎，清除轮毂、轮胎上的污渍，并再次用清水冲净清洗剂和污渍，如图1-2-15、图1-2-16所示。

图1-2-15　擦洗轮毂　　　　　　　　　图1-2-16　擦洗轮胎

　　擦洗车身的质量标准：无漏擦之处，车身漆面无划伤，轮毂整洁。

4. 冲洗

　　打开高压清洗机冲洗开关，按照冲车的方法把车身漆面的泡沫冲洗干净，如图1-2-17所示。

　　在冲洗过程中，冲洗干净车身漆面上的清洗剂，注意前风窗玻璃、前保险杠和行李舱盖，如果清洗剂未冲洗干净会渗入车身漆面，形成污渍，如图1-2-18、图1-2-19所示。

　　注意：在整个冲洗过程中，准备好擦车工具，如大毛巾、小毛巾、吸尘器、吹风枪等（大小毛巾需洗净或洗湿并拧干水分待用）。

图1-2-17　冲洗清洗剂

图1-2-18 冲洗前风窗玻璃

图1-2-19 冲洗前保险杠

冲沫的质量标准：车体无泥沙，无污垢，无漏冲之处。

5. 擦车

擦车分为二人合作法和三人合作法；三人合作法是最好的配合法。本合作法需根据实际情况自行调整。

二人合作法：共同擦拭车身漆面水分。一人：玻璃清洁、仪表板上蜡、座椅上蜡；另一人：擦拭门边、吸尘、轮胎上蜡、吹水。

三人合作法：共同擦拭车身漆面水分。一人：玻璃清洁、仪表板上蜡；一人：门边、吹水；另一人：吸尘、轮胎上蜡、座椅上蜡。

（1）擦拭车身：两人使用大毛巾，从发动机舱盖向车后的行李舱盖沿漆面拖动，并拧干大毛巾的水分，再从行李舱盖向发动机舱盖拖动。另一人把大毛巾折成两折，擦拭车身周围的水。如果车身部位有沥青，使用沥青清洗剂清除沥青，并用毛巾擦拭干净，如图1-2-20、图1-2-21所示。

图1-2-20 双人拖水

图1-2-21 擦拭车身周围

（2）玻璃清洁：清水洗净玻璃专用毛巾，拧干水分，毛巾折成多折，先喷洒玻璃清洗剂擦拭玻璃外侧再擦玻璃内侧，前风窗玻璃和四车门玻璃先擦边缘再擦平面，上下来回擦拭干净；后风窗玻璃采用左右擦拭的方法，擦净玻璃，如图1-2-22所示。

图1-2-22 擦拭玻璃

（3）擦拭仪表板：使用洗干净的毛巾配合仪表刷扫净门板和仪表板上缝隙和空调出风口的灰尘（图1-2-23），喷洒表板蜡（图1-2-24），用干净毛巾擦拭均匀（禁止将表板蜡喷洒到玻璃上）。

图 1-2-23　刷拭空调出风口　　　　　　图 1-2-24　喷洒表板蜡

（4）皮革座椅上蜡：喷洒万能泡沫清洗剂到座椅的污渍上（图1-2-25），用洗干净的毛巾擦拭干净，再用皮质或者皮革保护剂喷洒在专用的毛巾上（图1-2-26），均匀地擦拭在皮革座椅，如图1-2-25、图1-2-26所示。

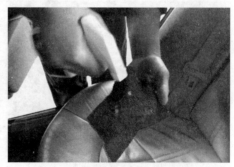

图 1-2-25　座椅清洗　　　　　　　　　图 1-2-26　皮革座椅上蜡

（5）擦拭门边：使用干净的专用毛巾擦净四车门和行李舱盖上的水分，如图1-2-27、图1-2-28所示。要求关上车门并打开车门时，门边无水。

图 1-2-27　擦拭车门　　　　　　　　　图 1-2-28　擦拭行李舱盖密封条

（6）吸尘：拿出毛料脚垫用刷子刷拭干净放在脚垫架上（塑料脚垫使用高压水枪冲刷干净；皮革脚垫使用万能泡沫清洁剂清洗干净），用吸尘机吸去门板、座椅、烟灰缸、地毯和行李舱内的灰尘沙粒，把脚垫放回原位，如图1-2-29、图1-2-30所示。

（7）使用吹气枪吹去车身缝隙的水分，并拿干净的小毛巾擦去滴在漆面上的水分，如图1-2-31所示。

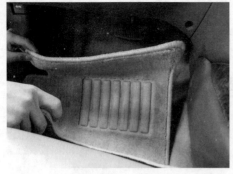

图 1-2-29 拿放脚垫

图 1-2-30 内饰吸尘

（8）使用喷壶或者油漆刷，刷拭轮胎为其上蜡，待所有轮胎上蜡结束后，如图1-2-32，使用小毛巾擦拭轮毂上的残留轮胎蜡，如图1-2-33所示。

图 1-2-31 缝隙吹水

图 1-2-32 轮胎上蜡

（9）铺设驾驶人上车地毯。

6. 验车

验车时，注意检查洗车工序中容易遗漏的部位，如发动机舱盖前端、车身边缘内侧、车门把手内侧、行李舱盖边缘内侧、油箱盖内侧、后视镜、轮毂轮胎等部位，如图1-2-34所示。

图 1-2-33 擦拭轮毂上的残蜡

图 1-2-34 检查验车

验车的标准为：外饰部件应无尘土、无污垢、无水痕；玻璃光亮，无手印无污渍；内饰部件无灰尘、室内无异味，坐垫及脚垫摆放整齐有序。

7. 现场整理

收拾工具，整理场地。

1. 什么是汽车美容？
2. 汽车清洗的最佳时机？
3. 汇集汽车清洗用品和设备品牌。
4. 简述电脑洗车操作方法。

汽车清洗操作考核评价见表1-2-1。

汽车清洗操作考核评价表　　　　　　　　　　　　　　表1-2-1

班级：　　班　第　　组　小组成员：　　　　　　　　日期：　　年　月　日

序号	考核内容	考核要点	分数	学生自评	小组评价	教师评价	备注
1	劳保穿戴	（1）未穿戴围裙或者工作服扣3分 （2）未穿劳保鞋扣2分	5				
2	团队意识	（1）不能相互协助扣5分 （2）不能顾全大局扣5分	10				
3	汽车清洗准备工作	（1）设备准备不齐全，不调试各扣2分 （2）工具不齐全，每少一种扣1分 （3）汽车清洗用品不齐全，每少一种扣1分	10				
4	汽车清洗实施操作	（1）清洗前未检查车身、玻璃、天窗等扣2分 （2）水枪使用不正确扣2分 （3）车身的泥沙、鸟粪未冲掉，有一处扣1分 （4）底盘未冲扣2分 （5）泡沫喷洒不到位扣2分 （6）擦沫手套不干净扣2分 （7）擦沫上下混洗扣3分 （8）漏擦一处扣0.5分，最高扣5分 （9）泡沫未冲洗净，每处扣1分 （10）轮毂、轮胎未冲洗干净，每车轮扣2分 （11）玻璃未擦干净扣3分 （12）仪表板未擦干净扣2分 （13）门边未擦干净扣2分 （14）车身缝隙未吹水扣3分 （15）脚垫未吸尘、擦拭扣3分	35				
5	汽车清洗检查结果	（1）车身有水、污渍每处扣1分 （2）轮毂有水、污渍每轮扣2分 （3）轮胎未上蜡扣2分 （4）玻璃未擦干净，每处扣1分 （5）仪表板、门板未擦干净，每处扣1分 （6）门边未擦干净扣2分 （7）脚垫未擦干净扣2分 （8）行李舱盖密封处未吸尘、擦拭各扣2分	20				

续上表

序号	考核内容	考核要点	分数	学生自评	小组评价	教师评价	备注
6	现场整理	（1）现场工具、用品使用凌乱扣3分 （2）毛巾使用后未清洁扣2分 （3）汽车清洗完毕后现场整洁有序、符合6S标准，不符合扣5分	10				
7	安全规范	现场出现违规、危险操作安全隐患扣10分	10				
8	总　分		100				30%+30%+40%=实际得分
9	小组组长签字：			教师签字：			实际得分：

第三章 轮毂清洗

学习目标
- 掌握汽车轮毂清洗剂的特性；
- 能够判断轮毂的污渍，并根据实际情况进行清洗；
- 能安全规范进行轮毂清洗操作。

第一节 汽车轮毂清洗工具

专用工具和材料：
轮毂刷，牙刷，羊毛手套，毛巾，轮毂清洗剂。

第二节 轮毂清洗操作流程

一、施工前的准备工作

1. 工作人员准备

工作服，防溶剂手套、口罩、护目镜、劳保鞋等，如图1-3-1所示。

2. 场地准备

电源、灯光、水源。

3. 车辆检查

（1）车辆停放到汽车清洗工位合适位置，拉起驻车制动器操纵杆、变速杆置于停车挡、车辆熄火，拔出点火钥匙。

（2）检查车辆外观和内饰是否有损伤，若有损伤，进行登记记录（图1-3-2），并告知车主进行签字确认（外观检查：车身油漆、车窗玻璃、轮毂轮胎等；内饰：仪表台、座椅、车门及电器开关等）。

二、汽车轮毂清洗注意事项

（1）当轮毂温度过高时，禁止喷洒清洁剂和使用冷水降温冲洗。

（2）禁止使用强酸、强碱类型的清洁剂清洁轮毂。

（3）严禁使用砂纸或铁刷子刷拭轮毂，否则会损伤轮毂表面。

图1-3-1 劳保穿戴

（4）轮毂表面禁止刷拭轮胎蜡或其他保护剂。

（5）当雨雪天气转晴时，及时清洁车身和轮毂，否则，易造成轮毂氧化。

三、汽车轮毂清洗操作流程

1. 自然冷却轮毂

当轮毂温度过高时，自然冷却以后再进行清洁。否则，轮毂遇到冷水会受损、变形；制动盘遇冷水变形，影响制动效果。在高温时使用清洁剂清洗轮毂，会使轮毂表面发生化学反应，失去光泽，影响美观。

2. 喷洒清洁剂

当轮毂的温度自然冷却以后，使用轮毂专用清洁剂喷洒至整个轮毂表面；污渍较多部位，加大轮毂清洁剂喷洒量，如图1-3-3所示。

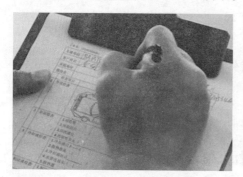

图1-3-2 检查记录

图1-3-3 喷洒清洁剂

3. 刷拭

轮毂专用清洁剂喷洒整个轮毂以后，稍停1min左右，使用轮毂刷对轮毂整体刷拭，再用中毛牙刷对轮辐边角位置进行细致的刷洗。对于严重的油污采用边喷清洁剂边刷拭的方法，如图1-3-4所示。轮毂清洁干净以后，多使用清水冲洗，冲去轮毂表面的清洁剂和污物，如图1-3-5所示。

图1-3-4 刷拭轮毂

图1-3-5 冲净清洁剂

4. 轮毂干燥

使用空气气枪吹出轮毂凹槽内的水分（图1-3-6），并用毛巾擦拭干净，如图1-3-7所示。

图 1-3-6　轮毂吹水　　　　　　图 1-3-7　擦净轮毂

5. 轮胎上蜡

喷洒轮胎蜡（图 1-3-8），待所有轮胎上蜡结束后，使用小毛巾擦拭轮毂上的残留轮胎蜡，如图 1-3-9 所示。

图 1-3-8　轮胎上蜡　　　　　　图 1-3-9　擦拭轮毂

6. 质量检查

多角度检查轮毂清洁的效果（图 1-3-10）。轮毂应干净、洁亮，边角无污渍。

图 1-3-10　轮毂检查

7. 现场整理

收拾工具，清理场地。

1　汇集汽车轮毂清洁剂品牌。

2. 当轮毂发生刮伤时，应该如何处理？

轮毂清洗操作考核评价见表1-3-1。

轮毂清洗操作考核评价表　　　　　　　　　　表1-3-1

班级：　　　班第　　组　小组成员：　　　　　　　日期：　　年　月　日

序号	考核内容	考核要点	分数	学生自评	小组评价	教师评价	备注
1	劳保穿戴	（1）未穿工作服扣2分 （2）未戴护目镜扣2分 （3）未戴口罩扣2分 （4）未戴橡胶手套扣2分 （5）未穿劳保鞋扣2分	10				
2	团队意识	（1）不能相互协助扣5分 （2）不能顾全大局扣5分	10				
3	汽车轮毂清洗准备工作	（1）未准备轮毂刷扣2分 （2）未准备中毛牙刷扣2分 （3）未准备清洁剂扣2分 （4）未准备橡胶手套和毛巾各扣1分	8				
4	汽车轮毂清洗实施操作	（1）未检查轮毂、轮胎损伤扣3分 （2）未对轮毂损伤进行登记扣2分 （3）未等轮毂冷却就清洗者扣5分 （4）未使用羊毛手套对轮毂进行预洗扣2分 （5）未使用轮毂刷刷拭扣4分 （6）未使用牙刷对特殊部位进行刷拭扣5分 （7）轮毂清洁剂未冲洗干净扣5分 （8）轮毂未干燥扣3分 （9）轮胎未上蜡扣3分	32				
5	汽车轮毂清洗检查结果	（1）轮毂表面划伤扣10分 （2）轮毂污渍未清洁干净扣5分 （3）固定轮毂螺栓凹槽内有水扣2分 （4）轮胎残留清洁剂扣3分	20				
6	现场整理	（1）现场工具、用品使用零乱扣3分 （2）毛巾使用后未清洁扣2分 （3）现场不符合6S标准扣5分	10				
7	安全规范	现场出现违规、危险操作安全隐患扣10分	10				
8	总　分		100				30%+30%+40%=实际得分
9	小组组长签字：		教师签字：				实际得分：

第四章　汽车漆面抛光、打蜡、封釉

学习目标
- 能够对汽车漆面正确选择汽车美容项目；
- 能够规范使用美容泥对汽车漆面氧化层进行现场操作；
- 能够正确分析汽车漆面,根据综合情况选择抛光蜡；
- 能够独立完成汽车漆面封釉操作；
- 能够规范进行汽车手工打蜡和机器打蜡操作；
- 会正确使用抛光机和封釉机,定期进行维护；
- 能够进行漆面抛光处理,去除漆面划痕、螺旋纹(太阳纹)。

第一节　汽车漆面美容工具

一、专用工具

打蜡机,封釉机,抛光机。

二、美容材料

美容泥,3M 至尊美容粗蜡(重切削),3M 美容镜面蜡,3M 红宝石乳蜡,格耐釉,美纹纸胶带,毛巾,波浪海绵球(3M 05723),波浪海绵球(3M 05725),海绵球。

第二节　车蜡的作用与选择

一、车蜡的功用

1. 防水、防酸雨作用

车蜡能使车身漆面上的水滴附着力减少 60%～90%,高档车蜡还可使残留在漆面上的水滴进一步平展,呈扁平状,最大限度地减少水滴对阳光的聚焦,使车身免受侵蚀和破坏。打上去的蜡,所产生的效果是:水滴会近似球状,不易产生透镜效应,可以有效地抑制因太阳光而造成的水痕。

2. 抗高温作用

车蜡抗高温作用是对来自不同方向的入射光产生有效反射,防止入射光线穿透清罩漆,导致底色漆老化变色,从而延长漆面的使用寿命。

3. 防静电作用

通过打蜡隔断空气及尘埃与车身漆面的摩擦,不但可防止车表静电的产生,还可大大降低带电尘埃对车表的附着。

4. 防紫外线作用

日光中的紫外线光较易折射进入漆面,防紫外线车蜡充分地考虑了紫外线的特性,使其对车表的侵害最大限度地降低。

5. 上光作用

上光是车蜡的最基本作用之一,经过打蜡的车辆,都能不同程度地改善其漆面的光洁程度,使车身恢复亮丽本色。

6. 抗划伤

蜡膜有一定的硬度,可减轻划伤。

7. 研磨抛光作用

当漆面出现浅划痕时,可使用研磨抛光车蜡。

二、车蜡的正确选择

1. 根据车蜡的功用选择车蜡

根据车蜡的形状,分为固体蜡、软体蜡、水状蜡、乳状蜡四种。固体蜡偏向于防水、防紫外线、抗高温功能;软体蜡和水状蜡偏向于去污功能;乳状蜡偏向于去污、上光、保护作用。

2. 根据车漆颜色选择车蜡

车漆有黑、红、蓝、紫、白、银、灰等颜色,经过经验总结,我们把所有颜色分成深色和浅色两种。深色包括黑、红、蓝、紫、黄等颜色;浅色包括白、银、灰等颜色。

3. 根据季节选择车蜡

一年有四季春、夏、秋、冬。春、秋季节雨水偏少,正是油漆修补时期,我们可以选择乳状保护蜡进行修补;夏、冬季节雨雪偏多,加上夏季紫外线对车漆伤害较大,冬季天气较冷,适合防水、防紫外线、抗高温的固体车蜡。

4. 根据行驶路况选择车蜡

行驶道路分为两种,一种是城市的沥青路,路面干净,尘土较少;另一种是乡村道路,路面尘土、树枝较多。尘土当中含有矿物质,容易与油漆发生化学反应,俗称氧化;树枝容易造成漆面划伤,损坏漆面。

5. 根据划痕和太阳纹选择车蜡

车辆在使用过程中,人为和自然的划伤是不可避免的,当车身漆面出现划痕时,根据划痕的深浅选择抛光专用的去划痕蜡;出现太阳纹时,选择镜面抛光剂或水晶蜡处理,防止漆面出现光泽暗淡、失光等现象。

在选蜡过程中,我们结合上述情况综合分析,根据车漆状况灵活选用车蜡。

第三节 抛光、打蜡、封釉操作流程

一、施工前的准备工作

1. 工作人员准备

穿戴工作服、劳保鞋。

2. 场地准备

电源、灯光、材料、工具、设备。

3. 车辆检查

同前章车辆外观检查。

二、抛光、打蜡、封釉注意事项

（1）车身过热时禁止使用。

（2）有风沙时禁止使用。

（3）阳光直射下禁止使用。

（4）塑料件、胶条禁止使用。

（5）禁止与油性物品接触。

（6）在进行漆面抛光时，一定要选择合适的抛光蜡。

（7）根据抛光蜡选择抛光机的转速。

（8）漆面温度过高时严禁进行抛光。

（9）抛光过程中，漆面出现抛光蜡变干时，应适量喷水再进行抛光。

（10）车身漆面棱角处易磨穿，应减慢抛光机转速。

（11）不能在一处长时间抛光，易抛磨穿车漆。

（12）清除车牌、车标、车灯、加油口盖、钥匙孔周围，车门、车窗、密封橡胶条等部位残蜡。

三、汽车清洗流程

1. 车身去渍（漆面去氧化层）

（1）清洁车身（详见第一章汽车清洗）。

（2）车身清洗完毕后，把车停放到指定位置，无须擦拭车身上的水分，并准备好喷壶，装满清水。

（3）清洗手面，拿出美容泥，并来回折叠喷水，使去渍美容泥变软不光滑不粘手，如图1-4-1所示。

（4）拿喷壶喷湿需要施工的漆面，把美容泥放在施工的漆面上，用手心按住美容泥并施加适当的压力，以画圆圈的方式或以直线来回推动的方式来去除漆面氧化层，如图1-4-2所示。美容泥与漆面接触的一面经过反复与漆面摩擦会出现黑色的变化（图1-4-3），说明漆面上的氧化层已经去除，再次

图1-4-1 折叠美容泥

喷湿漆面，把手放到漆面上来回擦拭，如果挡手，说明氧化层没有彻底清除，需将美容泥发黑的一面折叠在里面，使用新面再次擦拭，直至车漆光滑为止。每次施工面积不宜过大，应每做一片面积严格结合已完成的面积，不宜漏留。在施工过程中，要不断向美容泥和漆面喷水，否则，美容泥会粘到漆面，损坏车漆。

专家支招：施工前禁止使用沥青清洗剂清洗车身，严禁施工车身装饰条以下的部位及保险杠。

图1-4-2 美容泥使用

图1-4-3 美容泥表面污渍

2. 漆面抛光流程

（1）去除车身沥青，如图1-4-4所示。

（2）全车施工完成后，清洗车身并擦干，使用吹气枪吹干车身缝隙残留的水分，如图1-4-5所示。

图1-4-4 清除沥青

图1-4-5 吹气枪吹水

（3）用纸胶带把车身饰条、刮水器喷水头、标志字母、胶条等部位粘好，前风窗玻璃和刮水器使用大毛巾遮盖，如图1-4-6、图1-4-7所示。

图1-4-6 遮盖字母

图1-4-7 遮盖前风窗玻璃

（4）把抛光机专用海绵球用水充分浸湿（图1-4-8），并对准抛光机托盘的圆心贴好（图1-4-9），轻轻起动抛光机，甩掉多余的水分（羊毛球需使用专用毛刷清理，禁止水洗）。

（5）将选好的粗蜡适量地倒在车漆表面，抛光机的转速调至1000r/min，把抛光机放在车身漆面的抛光蜡上，抛光机电缆线搭在肩上，用手指轻轻压动开关起动抛光机，使用低转速把粗蜡均匀涂开，调整抛光机转速为1500r/min，向漆面施加适当的压力，直至漆面的划痕、氧化层去除，减轻抛光机压力收净漆面残蜡，如图1-4-10所示。

注意：抛光机的握法：右手紧握直把，左手紧握横把，由左手向作业面垂直用力，转盘与作业面保持基本平行，如图 1-4-11 所示。

图 1-4-8　浸泡海绵球

图 1-4-9　粘贴海绵球

图 1-4-10　粗蜡抛光

图 1-4-11　抛光机握法

注意：抛光机在操作过程中，遇到塑料件、胶条、车门拉手、前后车灯及车标周围等部位，降低抛光机速度，防止抛穿车漆、塑料件。

（6）粗蜡操作完成后清洁车身，并清除缝隙残蜡，擦干车身并吹干缝隙的水分。

（7）把选好的细蜡适量地倒在油漆表面，调整抛光机转速为 1800r/min 左右，用抛光机低转速把细蜡铺开，逐渐加速抛光机并施加适当压力，把粗蜡残留的蜡痕及浅划痕去除。

（8）操作完成后，清洁车身，清除残蜡（图 1-4-12），擦干车身水分并吹干。

（9）将选好的镜面蜡少量地倒在油漆表面，调整抛光机转速为 2500r/min 左右，起动抛光机，使用低转速均匀铺开镜面蜡，施加适当压力，漆面出现薄薄的一层残蜡，漆面上的太阳纹大大减少，这时松开压力，高速运转抛光机，直至漆面出现高光泽度，如图 1-4-13~图 1-4-15 所示。

图 1-4-12　清除残蜡

图 1-4-13　镜面抛光

图1-4-14 镜面效果（一）

图1-4-15 镜面效果（二）

（10）完成镜面蜡施工，清洗车身，清除残蜡，擦干车身水分，并吹干缝隙的水分。

3. 漆面打蜡或封釉流程

（1）用纸胶带把车身饰条、刮水器喷水头、标志字母、胶条等部位粘好。

（2）漆面打蜡或封釉。

①手工打蜡：将选好的蜡适量地涂在海绵球上，然后按一定顺序均匀涂抹，再以画圆圈的方式均匀涂抹。涂抹时，将手指摊开，用大拇指和小拇指夹住海绵，其余三个手指及手掌按住海绵球，使用适当的压力均匀涂抹，如图1-4-16~图1-4-18所示。打蜡时每次涂抹面积不要过大，整个车身可分块进行，顺序可从前到后或从左到右，尽量做到薄而均匀。每次涂蜡的面积要重叠它的1/3，防止漏涂。

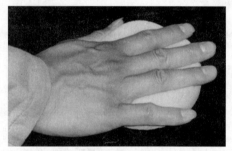
图1-4-16 海绵球握法

图1-4-17 均匀铺蜡

图1-4-18 画圈涂匀

②机器打蜡或封釉：把水蜡或者釉适量倒在漆面上，打蜡机/封釉机放在有蜡或者釉的车漆表面，起动电源开关，均匀铺开车蜡或釉并成"#"字形运动，使漆面上留有薄薄一层车蜡或者釉，停止打蜡机/封釉机，并移开漆面，如图1-4-19、图1-4-20所示。

图 1-4-19　打蜡机上蜡　　　　　　　　图 1-4-20　封釉机封釉

（3）全车打蜡或者封釉后，等车漆上的蜡出现白色粉末或者釉干燥10~20min，即可用无纺毛巾擦拭全车身，清除缝隙残蜡或釉，如图1-4-21、图1-4-22所示。

图 1-4-21　漆面擦蜡　　　　　　　　图 1-4-22　漆面擦釉

4.验车

验车时，检查汽车漆面容易遗漏的部位，如前后保险杠，车身漆面连接边缘，室外后视镜，行李舱盖等部位。

验车的标准为：汽车油漆手感光滑，高光洁度，外饰部件应无尘土、无水渍、无残蜡；玻璃光亮，无手印无污渍；内饰部件无灰尘、室内无异味，坐垫及脚垫摆放整齐有序。

5.6S 管理

收拾工具，整理场地。

思考题

1.搜集目前市场上品牌车蜡和釉。
2.了解汽车油漆涂层。

考核评价

汽车漆面抛光操作考核评价见表1-4-1。

汽车漆面抛光操作考核评价表　　　　　　　　　　表1-4-1

班级：　　　班　第　　　组　　小组成员：　　　　　　　　日期：　　　年　月　日

序号	考核内容	考　核　要　点	分数	学生自评	小组评价	教师评价	备　注
1	劳保穿戴	（1）未穿戴围裙或者工作服扣2分 （2）未戴口罩扣2分 （3）未戴手套扣2分 （4）未穿劳保鞋扣2分	8				
2	团队意识	（1）不能相互协助扣5分 （2）不能顾全大局扣5分	10				
3	汽车漆面抛光准备工作	（1）汽车外观未清洁扣3分 （2）未检查关闭车门、玻璃、天窗，每种扣1分 （3）未登记车身损伤扣2分 （4）工具准备不齐全，每少一种扣1分 （5）汽车漆面抛光用品不齐全，每少一种扣1分 （6）抛光海面球未清洗甩干，每更换一种海绵球扣2分	16				
4	汽车漆面抛光实施操作	（1）前风窗玻璃刮水器未遮盖扣3分 （2）车身塑料、胶条、灯壳、标志字母等部位未遮盖各扣1分 （3）抛光机电缆线未搭在肩上，每次扣1分 （4）抛光机未进行调试扣1分 （5）抛光蜡未使用抛光机铺开扣2分 （6）漆面抛光有遗漏，每处扣1分 （7）漆面上的抛光蜡未收干净扣2分 （8）边、角、棱、缝等位置，抛光机未减速扣2分 （9）前后保险杠未使用低转速抛光扣2分 （10）漆面抛光后未进行清洗扣3分 （11）抛光机海绵球损坏扣3分 （12）抛光蜡放置车身漆面扣2分	26				
5	汽车漆面抛光检查结果	（1）车身漆面光泽漫射不一致，每处扣1分 （2）车身漆面抛穿露底漆，每处扣5分，直至本项分数扣完为止 （3）车身漆面氧化层未清除扣2分 （4）车身缝隙残蜡未清洁干净扣2分 （5）划痕、太阳纹未清除80%扣5分 （6）抛光完毕后，未清洗抛光海绵球扣2分	20				
6	现场整理	（1）现场工具、用品使用零乱扣3分 （2）抛光机未清洁扣2分 （3）抛光完毕后现场整洁有序、符合6S标准，不符合扣5分	10				
7	安全规范	现场出现违规、危险操作安全隐患扣10分	10				
8		总　　　分	100				30%+30%+40%= 实际得分
9	小组组长签字：　　　　　　　　　　　教师签字：　　　　　　　　　　　实际得分：						

汽车漆面手工打蜡操作考核评价见表1-4-2。

汽车漆面手工打蜡操作考核评价表　　　　　　表1-4-2

班级：　　　班　第　　　组　小组成员：　　　　　　　　　　　　　日期：　　　年　月　日

序号	考核内容	考核要点	分数	学生自评	小组评价	教师评价	备注
1	劳保穿戴	（1）未穿戴围裙或者工作服扣2分 （2）未戴口罩扣2分 （3）未戴手套扣2分 （4）未穿劳保鞋扣2分	8				
2	团队意识	（1）不能相互协助扣5分 （2）不能顾全大局扣5分	10				
3	汽车漆面手工打蜡准备工作	（1）未检查车门、车窗玻璃、天窗是否关闭各扣1分 （2）未登记车身是否有损伤扣2分 （3）汽车漆面未清洁、吹水各扣2分 （4）车身未清除氧化层扣2分 （5）车身未清除沥青扣2分 （6）打蜡用品和工具准备不齐全，缺少一种扣1分	16				
4	汽车漆面手工打蜡实施操作	（1）车身塑料、胶条、灯壳、标志字母等部位未遮盖，每缺一处各扣1分 （2）液体蜡未摇匀扣1分 （3）打蜡海绵球使用不规范扣1分 （4）车身漆面未进行涂蜡扣1分 （5）车身漆面打蜡不均匀扣2分 （6）蜡遗落到地面扣2分 （7）蜡未干进行打磨扣2分 （8）毛巾擦蜡后未抖动清洁扣1分 （9）车身漆面打蜡有遗漏，每处扣1分 （10）车身缝隙处未进行擦拭扣2分 （11）车蜡涂抹到胶条、塑料上，每处扣1分 （12）车蜡涂抹到汽车玻璃上扣2分 （13）打蜡完毕后，外部玻璃未清洁扣2分	26				
5	汽车漆面手工打蜡检查结果	（1）车身漆面光泽漫射不一致，每处扣1分 （2）车身漆面有残蜡，每处扣1分 （3）车身缝隙处残蜡未清洁干净，每处扣1分 （4）车窗玻璃清洁不干净，每处扣1分 （5）车身漆面污渍未清除干净，每处扣1分	20				
6	现场整理	（1）现场工具、用品使用零乱扣3分 （2）蜡盒或蜡瓶、毛巾未清洁扣2分 （3）打蜡完毕后现场整洁有序，符合6S标准，不符合扣5分	10				
7	安全规范	现场出现违规、危险操作安全隐患扣10分	10				
8	总　分		100				30%+30%+40%= 实际得分
9	小组组长签字：	教师签字：					实际得分：

汽车漆面机器打蜡或封釉操作考核评价见表1-4-3。

汽车漆面机器打蜡或封釉操作考核评价表　　　　表1-4-3

班级：		班　第　组　小组成员：		日期：　年　月　日			
序号	考核内容	考核要点	分数	学生自评	小组评价	教师评价	备注
1	劳保穿戴	（1）未穿戴围裙或者工作服扣2分 （2）未戴口罩扣2分 （3）未戴手套扣2分 （4）未穿劳保鞋扣2分	8				
2	团队意识	（1）不能相互协助扣5分 （2）不能顾全大局扣5分	10				
3	汽车漆面手工打蜡准备工作	（1）未检查车门、车窗玻璃、天窗是否关闭各扣1分 （2）未登记车身是否有损伤扣2分 （3）汽车漆面未清洁、吹水各扣2分 （4）车身未清除氧化层扣2分 （5）车身未清除沥青扣2分 （6）打蜡用品和工具准备不齐全，缺少一种扣1分	16				
4	汽车漆面手工打蜡实施操作	（1）车身塑料、胶条、灯壳、标志字母等部位未遮盖1处各扣1分 （2）液体蜡或釉涂抹前未摇匀扣1分 （3）打蜡机未进行调试扣1分 （4）打蜡机电缆线未搭肩上扣1分 （5）打蜡机或封釉机未接触到漆面起动，扣2分 （6）车身漆面打蜡或封釉未按"#"字形操作扣2分 （7）蜡或釉遗落到地面扣1分 （8）蜡或釉未干进行打磨扣2分 （9）毛巾擦蜡或釉后未抖动清洁扣1分 （10）车身漆面打蜡或封釉有遗漏，每处扣1分 （11）车身缝隙处未进行擦拭清洁扣2分 （12）车蜡涂抹到胶条、塑料上，每处扣1分 （13）车蜡涂抹到汽车玻璃上扣2分 （14）打蜡或封釉后，外部玻璃未清洁扣2分	26				
5	汽车漆面手工打蜡检查结果	（1）车身漆面光泽漫射不一致，每处扣1分 （2）车身漆面有残蜡或残釉，每处扣1分 （3）车身缝隙处残蜡或残釉未清洁干净，每处扣1分 （4）玻璃清洁不干净，每块玻璃扣1分 （5）车身漆面污渍未清除干净，每处扣1分	20				
6	现场整理	（1）现场工具、用品使用零乱扣2分 （2）蜡盒或釉瓶、毛巾未清洁扣2分 （3）打蜡完毕后现场整洁有序、符合6S标准，不符合扣5分	10				
7	安全规范	现场出现违规、危险操作安全隐患扣10分	10				
8		总　分	100				30%+30%+40%=实际得分
9	小组组长签字：			教师签字：		实际得分：	

第五章　汽车漆面镀膜、镀晶

学习目标
- 能够规范使用工具并进行常规维护；
- 能够安全规范进行镀膜操作；
- 能够安全规范进行镀晶操作；
- 会规范使用喷枪和维护喷枪。

第一节　汽车漆面美容工具

一、专用工具
抛光机，喷枪。

二、美容材料
美容泥，3M 至尊美容粗蜡（重切削），3M 美容镜面蜡，波浪海绵球（3M 05723），遮蔽保护膜，美纹纸胶带，毛巾，镀膜剂，镀晶剂。

第二节　汽车漆面镀膜和镀晶操作流程

一、施工前的准备工作

1. 工作人员准备

工作服或喷漆服，防溶剂手套、口罩、护目镜、劳保鞋等。

2. 场地准备

电源、灯光、材料、工具、设备。

3. 车辆检查

（1）车辆停放到汽车清洗工位合适位置，拉起驻车制动器操纵杆、变速杆置于停车挡、车辆熄火，拔出点火钥匙。

（2）检查车辆外观和内饰是否有损伤，若有损伤，进行登记记录，并告知车主进行签字确认（外观：车身油漆、车窗玻璃、轮毂轮胎等；内饰：仪表台、座椅、车门及电器开关等）。

（3）检查车辆的门窗玻璃和天窗关闭情况，未关闭，打开点火开关关闭车窗。

二、漆面镀膜和镀晶注意事项

（1）漆面镀膜或镀晶前，先去除氧化层及划痕，还原漆面光泽。

（2）保持漆面清洁，并吹干车身水分。

（3）漆面镀膜或镀晶时，选择无尘车间操作。

（4）镀膜前，规范调整喷枪，再加入镀膜剂，建议使用小修补喷枪。

（5）喷涂前，遮盖塑料件和胶条、轮胎，防止损坏附件。

（6）镀晶时，采用边涂边擦的方式，防止镀晶剂干涸损伤车身漆面。

（7）清除漆面及缝隙的镀膜剂和镀晶剂，防止漆面暗淡无光。

（8）储存时，拧紧瓶盖，放置于阴凉干燥处。

（9）镀膜剂和镀晶剂属于易燃品，请远离火源。

三、汽车漆面镀膜、镀晶操作流程

1. 汽车漆面镀膜操作流程

（1）清洁车身（请参考第一章汽车清洗），如图1-5-1所示。

（2）车身清洗完毕后，把车停放到指定位置，无须擦拭车身上的水分，并使用美容泥清除车身氧化层，如图1-5-2所示。

图1-5-1　车身清洗

图1-5-2　清除漆面氧化层

（3）去除车身沥青，如图1-5-3所示。

（4）全车施工完毕后，清洗车身并擦干，用吹气枪吹干车身缝隙残留的水分，如图1-5-4所示。

图1-5-3　清除沥青

图1-5-4　吹气枪吹水

（5）用纸胶带把车身饰条、刮水器喷水头、标志字母、胶条等部位粘好（图1-5-5），前风窗玻璃和刮水器使用大毛巾或者遮蔽纸进行遮盖。

（6）根据车身漆面的划伤程度，使用抛光机进行划痕清除处理（请参考第三章抛光），如图1-5-6所示。清除纸胶带，并清洗车身，吹干。

图1-5-5 遮盖字母

图1-5-6 漆面抛光

（7）车身附件遮盖：用纸胶带把车身饰条、刮水器喷水头、标志字母、胶条等部位粘好，前风窗玻璃和刮水器使用大毛巾或者遮蔽纸遮盖(同上)。

（8）喷壶内加入专业镀膜聚合物质，调整气压、流量和喷幅，均匀喷涂于车身漆面，如图1-5-7、图1-5-8所示。

图1-5-7 加入镀膜剂

图1-5-8 喷涂镀膜剂

（9）待镀膜剂彻底渗透漆面，干燥后，用专业擦巾将车漆表面残留的镀膜剂清理干净，如图1-5-9所示(需重点清洁车身缝隙部位，部分镀膜剂需停留30min后用清水清洗干净。施工前认真阅读说明书，根据实际情况操作)。

（10）检查、交车(图1-5-10)。

图1-5-9 擦净镀膜剂

图1-5-10 检查车辆

①检查车身是否残留镀膜剂。
②检查玻璃是否干净。
③检查轮胎、轮毂是否干净。
④交车。

（11）6S管理。收拾工具，清理场地。

2. 汽车漆面镀晶操作流程

（1）清洁车身（请参考第一章汽车清洗）。

（2）车身清洗完毕后，把车停放到指定位置，无须擦拭车身上的水分，并使用美容泥清除车身氧化层。

（3）去除车身沥青。

（4）全车施工完成后，清洗车身并擦干，用吹风枪吹干车身缝隙残留的水分。

（5）用纸胶带把车身饰条、刮水器喷水头、标志字母、胶条等部位粘好，前风窗玻璃和刮水器使用大毛巾或者遮蔽纸进行遮盖。

（6）根据车身漆面的划伤程度，使用抛光机进行划痕清除处理（请参考第三章抛光）。清除纸胶带，并清洗车身，吹干。

（7）车身附件遮盖：用纸胶带把车身饰条、刮水器喷水头、标志字母、胶条等部位粘好，前风窗玻璃和刮水器使用大毛巾或者遮蔽纸遮盖。

（8）用无纺布包住海绵球，将镀晶剂倒在无纺布上，将镀晶剂涂在车漆的表面成"#"字均匀涂匀，紧接着用专用干毛巾在漆面上擦涂，并擦拭干净即可，如图1-5-11、图1-5-12所示。

图1-5-11　涂抹镀晶剂

图1-5-12　擦净镀晶剂

（9）检查、交车。

①检查车身是否残留镀晶剂。

②检查玻璃是否干净。

③检查轮胎、轮毂是否干净。

④交车。

（10）6S管理。收拾工具，清理场地。

1．汇集镀膜剂品牌，及各品牌之间的操作方法。

2．汇集镀晶剂品牌，及各品牌之间的操作方法。

3．写出车蜡、釉、镀膜、镀晶之间的区别。

汽车漆面镀膜操作考核评价见表1-5-1。

汽车漆面镀膜操作考核评价表

表1-5-1

班级：　　　班　第　　　组　小组成员：　　　　　　　日期：　　　年　　月　　日

序号	考核内容	考核要点	分数	学生自评	小组评价	教师评价	备注
1	劳保穿戴	（1）未穿戴围裙或者工作服扣2分 （2）未戴口罩扣2分 （3）未戴手套扣2分 （4）未穿劳保鞋扣2分	8				
2	团队意识	（1）不能相互协助扣5分 （2）不能顾全大局扣5分	10				
3	汽车漆面抛光准备工作	（1）工具准备不齐全扣2分 （2）汽车漆面抛光用品不齐全，少一种扣1分 （3）抛光海绵球未清洗甩干扣2分 （4）喷枪未清洗、调试扣5分	12				
4	汽车漆面抛光实施操作	（1）未检查车门、车窗玻璃、天窗是否关闭各扣1分 （2）未登记、查看车身是否有损伤扣2分 （3）汽车漆面未清洗扣2分 （4）车身未除沥青扣2分 （5）前风窗玻璃刮水器未遮盖扣2分 （6）车身塑料、胶条、灯壳、标志字母等部位未遮盖1处各扣1分 （7）抛光机电缆线未搭在肩上扣1分 （8）抛光机未进行调试扣1分 （9）抛光蜡未使用抛光机铺开扣1分 （10）抛光蜡未擦干净扣1分 （11）漆面抛光后未进行清洗扣2分 （12）车身表面及缝隙水分未擦干，每处扣1分 （13）喷枪距离漆面超过20cm扣2分 （14）喷枪喷涂不均匀扣5分 （15）漆面喷涂遗漏，每处扣2分 （16）镀膜剂用量超过规定值扣5分 （17）镀膜剂干涸未达到规定时间扣2分	30				
5	汽车漆面抛光检查结果	（1）车身漆面光泽漫射不一致，每处扣1分 （2）车身漆面氧化层未清除干净，每处扣2分 （3）漆面划痕未去除，每处扣1分 （4）车身缝隙镀膜剂未擦拭干净，每处扣1分 （5）抛光完毕后，抛光海绵球未清洗扣2分 （6）玻璃擦拭不干净扣3分	20				
6	现场整理	（1）现场工具、用品使用零乱扣2分 （2）喷枪未清洁扣3分 （3）抛光完毕后现场整洁有序、符合6S标准，不符合扣5分	10				
7	安全规范	现场出现违规、危险操作安全隐患扣10分	10				
8		总　　分	100				30%+30%+40%=实际得分
9	小组组长签字：	教师签字：					实际得分：

汽车漆面镀晶操作考核评价见表1-5-2。

汽车漆面镀晶操作考核评价表　　　　　　　　　　表1-5-2

班级：　　　班　第　　　组　小组成员：　　　　　　日期：　　年　月　日

序号	考核内容	考核要点	分数	学生自评	小组评价	教师评价	备注
1	劳保穿戴	（1）未穿戴围裙或者工作服扣2分 （2）未戴口罩扣2分 （3）未戴手套扣2分 （4）未穿劳保鞋扣2分	8				
2	团队意识	（1）不能相互协助扣5分 （2）不能顾全大局扣5分	10				
3	汽车漆面抛光准备工作	（1）工具准备不齐全扣2分 （2）汽车漆面抛光用品不齐全，少一种扣1分 （3）抛光海绵球未清洗甩干扣2分 （4）喷枪未清洗、调试扣5分	12				
4	汽车漆面抛光实施操作	（1）未检查车门、车窗玻璃、天窗是否关闭各扣1分 （2）未登记、查看车身是否有损伤扣2分 （3）汽车漆面未清洗扣2分 （4）车身未除沥青扣2分 （5）前风窗玻璃刮水器未遮盖扣2分 （6）车身塑料、胶条、灯壳、标志字母等部位未遮盖各扣1分 （7）抛光机电缆线未搭在肩上扣1分 （8）抛光机未进行调试扣1分 （9）抛光蜡未使用抛光机涂匀扣1分 （10）抛光蜡未擦干净扣1分 （11）漆面抛光后未进行清洗扣2分 （12）车身表面及缝隙水分未擦干，每处扣1分 （13）镀晶剂擦涂不均匀扣3分 （14）镀晶剂擦涂不到位扣3分 （15）镀晶剂用量超过规定值扣5分	30				
5	汽车漆面抛光检查结果	（1）车身漆面光泽漫射不一致，每处扣1分 （2）车身漆面氧化层未清除干净，每处扣2分 （3）漆面划痕未去除，每处扣1分 （4）车身缝隙镀晶剂未擦拭干净，每处扣1分 （5）抛光完毕后，抛光海绵球未清洗扣2分 （6）玻璃擦拭不干净扣3分	20				
6	现场整理	（1）现场工具、用品使用零乱扣2分 （2）喷枪未清洁扣3分 （3）抛光完毕后现场整洁有序，符合6S标准，不符合扣5分	10				
7	安全规范	现场出现违规、危险操作安全隐患扣10分	10				
8		总　分	100				30%+30%+40%=实际得分
9	小组组长签字：			教师签字：			实际得分：

第六章 汽车内饰清洁、消毒、上光

学习目标
- 会清洁汽车各部位内饰件的污渍；
- 会使用和维护汽车消毒机；
- 会操作皮革、塑胶件上光保护。

第一节 汽车内饰清洁、消毒设备

一、设备
蒸汽消毒机，臭氧消毒机，干湿吸尘器。

二、专用工具
软毛牙刷，软毛刷子，仪表刷，吹尘枪，小毛巾。

三、美容材料
表板蜡，轮胎蜡，皮革保护剂，万能泡沫清洗剂。

第二节 汽车内饰清洁、消毒、上光操作流程

汽车驾驶室是一个密封的空间，驾驶室内的地毯、真皮或丝绒座椅、空调风口、行李舱等处，经常接触潮湿的空气或水渍，狭小密闭的驾驶室极易滋生细菌，使内室件发霉变质，散发异味，严重影响驾驶者的身心健康。

汽车驾驶室定期的清洁、杀菌、除臭，可以有效防止各种污物对内饰件如地毯、真皮座椅、纤维织物等部件的腐蚀，使用专用的清洁保护用品，对塑料件、真皮及纤维饰件进行清洁、上光保护，可有效延长汽车内饰件的使用周期。

汽车内饰清洁及消毒的最佳时期：春季和秋季。

一、施工前的准备工作

1. 工作人员准备

穿戴工作服、劳保鞋。

2. 场地准备

电源、灯光、材料、工具。

3. 车辆检查

（1）车辆停放到汽车清洗工位合适位置，拉起驻车制动器操纵杆、车辆熄火，拔出点火钥匙。

（2）检查车辆外观和内饰是否有损伤，若有损伤，进行登记记录，并告知车主进行签字确认（外观：车身油漆、车窗玻璃、轮毂轮胎等；内饰：仪表台、座椅、车门及电器开关等）。

二、汽车内饰清洁及消毒注意事项

（1）禁止清洁剂喷洒到喇叭、电器、开关及桃木装饰件上，防止损坏附件。

（2）蒸汽消毒机的喷头禁止指向人身和喷射到电器元件，防止伤人及损坏电器部件。

（3）清洗皮革、塑料件时，严禁使用毛刷重力刷拭，防止损坏附件。

（4）擦拭顶篷绒毛部位时，应朝向一个方向擦拭，以保持光线漫射一致。

（5）清除轿车门板上的黑色脚印时，严禁使用清洗剂，以防损伤门板。

三、汽车内饰清洁操作流程

1. 汽车内饰除尘

使用干湿两用吸尘器清除内饰各部件上的颗粒灰尘。

提示： 除尘前先清理出车内所放置物品（图1-6-1），如扶手箱、储物箱的物品，仪表板上放置的停车证、香水座等物品，清理出的物品出放入纸箱，坐垫、脚垫取出，然后按照先座椅后脚垫的顺序进行除尘操作，如图1-6-2所示。包括前仪表板、烟灰缸、车门杂物箱、座椅、地毯、行李舱等部分。

图1-6-1 清理物品

图1-6-2 内饰吸尘

2. 汽车顶篷清洗

汽车顶篷多采用纤维绒布制成。主要污染源是烟雾、粉尘及人体头部油脂，如果不及时清除，会产生异味。

首先将万能泡沫清洗剂均匀喷洒于车顶部位（图1-6-3），稍等片刻，当万能泡沫清洗剂变少时，说明已经溶解，使用清洗干净的毛巾拧干水分，擦净车顶污渍（图1-6-4）。擦拭时，可以采用往复式或同一方向擦拭，最后保持车顶绒毛顺应同一个方向漫射。如果车顶未清洁干净，可以重新喷洒万能泡沫清洗剂清洗一遍。在喷洒万能泡沫清洗剂的过程中，严禁喷洒量过大，以免出现白花、水痕等现象。

图 1-6-3　喷洒万能泡沫清洗剂　　　　　　　图 1-6-4　擦拭车顶

3. 汽车仪表板清洗

汽车仪表板多采用塑料制品，表面条纹较多，容易沾染灰尘。如果长时间得不到及时的清洁，会造成仪表板老化、龟裂。

汽车仪表板电器、开关较多，清洗时，使用毛巾遮挡仪表、DVD液晶屏及用电开关（图1-6-5），均匀喷洒万能泡沫清洗剂，等3min左右，使用干净的毛巾擦净仪表板上的清洗剂，如图1-6-6所示。如果污渍较重时，可以使用软毛刷轻轻擦拭，看到万能泡沫清洗剂变黑时，说明污渍已经脱落，用干净的湿毛巾拧干擦净即可。

图 1-6-5　遮盖电器元件　　　　　　　　　图 1-6-6　清洗仪表缝隙

汽车空调出风口位置较小，使用仪表刷或者塑料尺配合毛巾擦拭，如图1-6-7所示。

4. 汽车座椅清洗

汽车座椅多采用皮革或化纤布料制成。驾乘人员经常随身携带雨雪、灰尘、汗液、油渍等污物与汽车座椅接触，造成汽车座椅表面损坏、产生病菌、异味。

皮革材质座椅清洗方法：均匀喷洒万能泡沫清洗剂，使用软毛刷轻轻刷拭（图1-6-8），当看到泡沫变成水状，用干净的湿毛巾拧干擦拭干净。如果污渍较重可重复清洗一遍。

 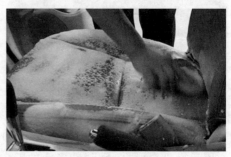

图 1-6-7　清洗空调出风口　　　　　　　　图 1-6-8　刷拭真皮座椅

化纤布料清洗方法：使用万能泡沫清洗剂均匀喷洒于汽车座椅表面，停留2min左右，当万能泡沫清洗剂变少时，使用干净的毛巾拧干水分，擦净汽车座椅上的泡沫污渍（图1-6-9）。如果汽车座椅未清洁干净，可以重新喷洒万能泡沫清洗剂清洗。严禁汽车座椅清洗过湿。

5. 汽车门板清洗

汽车门板多采用塑料、皮革或化纤布料制成。由于车门经常开关，淋雨粘雪、吸附灰尘、上下车脚踢，造成汽车门板损伤，滋生细菌，产生异味，影响美观。

汽车门板开关较多，清洗时，使用毛巾挡住电器开关，均匀喷洒万能泡沫清洗剂，用软毛刷轻轻擦拭，当万能泡沫清洗剂变黑时，用干净的湿毛巾拧干擦净即可（图1-6-10）。汽车门板上的脚踢黑印可以使用沥青清洗剂喷到毛巾上单独擦拭，或者使用抛光粗蜡进行擦拭，严禁擦拭皮革制品，会造成皮革变色、损伤。

图1-6-9　擦拭布座椅

图1-6-10　清洗汽车门板

6. 汽车地毯清洗

汽车地毯多采用纤维制成。污染源主要来至经常上下车的驾乘人员的鞋子，它会携带各种污物进入车内，造成车内污染，产生异味，严重影响身心健康。

拿出汽车脚垫，使用吸尘器吸干净汽车内饰地毯的沙尘、烟灰等污渍。将万能泡沫清洗剂均匀喷洒于汽车地毯部位，稍等片刻，使用清洗干净的毛巾拧干擦净污渍，如图1-6-11、图1-6-12所示。如果汽车地毯污渍较多，可以选用毛刷配合刷拭（严禁用力过大，会使汽车地毯的绒毛延长）。如果未清洁干净，可以重新喷洒万能泡沫清洗剂清洗一遍。

图1-6-11　喷洒万能泡沫清洗剂

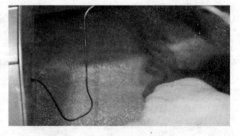

图1-6-12　擦拭汽车地毯

7. 汽车后行李舱清洗

汽车行李舱和汽车内饰地毯一样，采用纤维材料制成。污染源主要来此放置物品，最常见的有润滑油、防冻液、食品等。

使用吸尘器吸干净汽车行李舱沙尘、树叶等污渍。均匀喷洒万能泡沫清洗剂于汽车行李舱，使用毛刷配合刷拭，用清洗干净的毛巾拧干擦净污渍（图1-6-13）。如果未清洁干净，可以重新喷洒万能泡沫清洗剂清洗一遍。

8. 验车

验车时，注意检查洗车工序中容易遗漏的部位，如发动机舱盖前端，车身边缘内侧，车门把手内侧，行李舱边缘内侧，油箱盖内侧，后视镜，轮毂轮胎等部位。

图1-6-13　清洗行李舱

验车的标准为：外饰部件应无尘土、无污垢、无水痕；玻璃光亮，无手印无污渍；内饰部件无灰尘、室内无异味，坐垫及脚垫摆放整齐有序。

四、汽车内饰蒸汽消毒

1. 汽车内饰消毒的原因

（1）汽车驾驶室通风较差，易导致地毯、脚垫、冷暖风口、顶篷丝绒布、门边丝绒、丝绒座椅、真皮座椅接缝处等部位受潮后易滋生细菌，车室清洁后，仍有许多看不到的有害细菌。在人呼出的气体中，至少存在25种有害物质。例如：二甲胺、酚类、苯类、四氯乙烯以及各种病菌，加上人排泄出的汗液，鞋、袜、衣服等散发出来的气味，人在谈话、咳嗽和打喷嚏喷射出的唾沫，都在不同程度上加重了车内空气的污染。

（2）经常性打开车窗，可以保持车内空气的清新，可以十分有效地缓解汽车驾驶室空气的污染，但对于遗留在汽车内饰、座椅、四壁和顶篷等处的细菌，却无能为力。加之车厢内的卫生死角较多，也给清洁带来了诸多不便。在人们普遍关注自身健康的今天，汽车驾驶室消毒至关重要。

2. 汽车内饰消毒操作流程

待所有汽车内饰件清洗干净后，使用高压蒸汽机对驾驶室进行高温杀菌、消毒、除异味（图1-6-14）。其步骤为：空调通风管道→顶篷→仪表板→前座椅→前车门内侧→后座椅→后储物台→后车门内侧→地毯→行李舱，关闭车门，放入蒸汽，待10min后打开车门，保持通风，散发车内异味。

消毒前，先将消毒液按1∶4的比例稀释后，装入蒸汽消毒机内，接通电源，加热约30min，观察温度及压力表，当温度达到100℃以上时或者指示灯由红色变成绿色时，即可利用形成的高温蒸汽对驾驶室各部件进行逐一消毒。

（1）将饰品、后置物品等移出车外，关闭车窗，如图1-6-15所示。

图1-6-14　汽车内饰蒸汽消毒

图1-6-15　清理物品

（2）汽车驾驶室依次消毒完毕后，再将驾驶室充入高温蒸汽，如图1-6-16所示(充入蒸汽时间大约10min)。

待水蒸气散去，打开车门，擦去玻璃及驾驶室部件的水分即可，如图1-6-17所示。

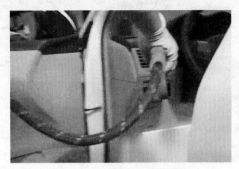 

图1-6-16　汽车内饰蒸汽消毒　　　　　　图1-6-17　擦拭汽车内饰水分

五、汽车内饰皮革护理

汽车内饰件上光护理是为了延长内饰件的使用寿命，保持其光泽度。皮革上光护理剂能保持汽车内饰件光亮，还具有防止龟裂、硬化及褪色的作用。

洗干净专用毛巾并拧干，把皮质或者皮革保护剂均匀喷洒到毛巾上，然后依次擦拭仪表板、门板和座椅，如图1-6-18、图1-6-19所示。

图1-6-18　汽车门板护理　　　　　　图1-6-19　汽车座椅护理

注意： 驾驶人座椅需少量使用皮革保护剂，防止驾驶人身体滑动。转向盘禁止使用皮革保护剂，防止发生交通事故。

六、特殊污渍的清洁

1. 清洁饮料

若不慎将可乐、冰淇淋、牛奶或咖啡饮料洒在车上，可用肥皂水或热水来清理，以免印痕根深蒂固。也可以喷洒万能泡沫清洁剂，用毛刷轻轻刷洗，随后用湿布擦拭，最后再用纸巾或毛巾擦干。

2. 清洁糖果

对掉落在地毯及座椅上的糖果，先把固体部分清除掉，然后清理残留的糖汁。一般用热水浸泡的抹布擦拭，如果是巧克力，可用温水浸湿的抹布擦拭，如果需要可加用清洗剂。

3. 清理口香糖

口香糖的性质是越热越黏,不容易除掉,因此一定要冷处理。先用冰块按在口香糖上使之冷却硬化,然后把它抠下来,剩余部分可用比较钝的小刀刮掉。

4. 处理番茄酱及口红

番茄酱滴落在座椅或地毯上时,可用冷水浸湿抹布擦拭,如果痕迹深,可以喷洒万能泡沫清洁剂。座椅沾上了口红,可先用比较钝的小刀轻轻刮掉口红,不要将座椅布刮破,刮不掉的部分可以喷洒万能泡沫清洁剂。

5. 清洁尿液或地毯上的尿液

可用温热的肥皂水浸泡抹布后擦拭尿液,然后再用湿抹布来回擦几遍,再用干净布浸泡于医用氨水和冷水的混合液中(1∶5),将布覆盖在尿液处约几分钟拿掉,用湿布擦拭干净,再用干抹布抹干。

6. 清洁呕吐物

先用手巾纸把呕吐物擦掉,因为手巾纸有吸水的功能,在擦去呕吐物的同时也把水分吸干,随后用湿布擦几遍,接着用温热的肥皂水将抹布浸泡后清洗被弄脏的地毯和座椅。这样处理后,如果气味还是很重,可用温热的苏打水(比例是1L水加1匙小苏打)擦洗沾污处,再用抹布抹干。

7. 清洁血渍

用冷水浸湿的抹布擦拭血滴,用干抹布擦干即可。注意:千万不要用肥皂水或热水清洗,因为血碰到肥皂水或热水就会固化,血迹就不容易除掉,用冷水抹布把血滴擦掉,最后用干抹布擦干。

8. 清洁霉变

汽车内室件受到污染未及时清洁时会导致霉变,可用热肥皂水清洗霉点,然后用冷水漂洗干净,再用盐水浸泡,最后用专用清洗剂清洗并擦干。

 思考题

1. 臭氧消毒机使用方法。
2. 搜集汽车内饰件清洗剂品牌,并说明各品牌之间的不同作用。
3. 查找汽车空调滤清器所在部位,并拆下进行清洁或更换。

 考核评价

汽车内饰清洁、消毒操作考核评价见表1-6-1。

汽车内饰清洁、消毒操作考核评价表　　　　　　　　表1-6-1

班级:　　　班　第　　组　小组成员:　　　　　　　　日期:　　年　月　日

序号	考核内容	考核要点	分数	学生自评	小组评价	教师评价	备注
1	劳保穿戴	(1)未穿工作服扣2分 (2)未戴口罩扣2分 (3)未穿劳保鞋扣2分	6				

续上表

序号	考核内容	考核要点	分数	学生自评	小组评价	教师评价	备注
2	团队意识	(1) 不能相互协助扣5分 (2) 不能顾全大局扣5分	10				
3	汽车内饰清洁准备工作	(1) 设备不调试扣2分 (2) 工具不清洁扣2分 (3) 汽车内饰用品不齐全,少一种扣1分	8				
4	汽车内饰清洁、消毒实施操作	(1) 未检查仪表板、门板、座椅、脚垫等各扣1分 (2) 检查未做记录扣2分 (3) 储物箱、手扶箱物品未清出扣1分 (4) 座椅、储物箱未吸尘扣2分 (5) 车顶未清洁扣2分 (6) 仪表板未清洁扣2分 (7) 门板未清洁扣2分 (8) 脚垫、地毯未清洁各扣2分 (9) 行李舱内物品未清出扣1分 (10) 行李舱内未清洁扣2分 (11) 转向盘未清洁扣2分 (12) 车顶和仪表板使用毛刷擦拭扣2分 (13) 万能泡沫清洗剂喷洒到组合仪表、DVD屏幕、仪表板开关,各扣1分 (14) 空调出风口未进行消毒扣2分 (15) 仪表板、座椅、车顶、门板、地毯、行李舱内等部位未消毒,各扣1分 (16) 蒸汽消毒后未擦拭水蒸气扣2分 (17) 未上皮革保护剂扣2分 (18) 玻璃未清洁扣1分	36				
5	汽车内饰清洁、消毒检查结果	(1) 仪表板、车顶、门板、座椅、脚垫、地毯、行李舱内等部位,未清洁干净每处扣1分 (2) 车顶绒毛漫射不一致扣2分 (3) 皮革座椅清洁严重褪色扣3分 (4) 空调出风口有污渍扣1分 (5) 皮革保护剂涂抹不匀扣2分 (6) 车内异味未去除扣3分 (7) 汽车玻璃未擦扣1分 (8) 汽车内饰件物品未放回原处扣2分	20				
6	现场整理	(1) 现场工具、用品使用零乱扣2分 (2) 毛刷、毛巾未清洁扣3分 (3) 现场整洁有序,符合6S标准,不符合的扣5分	10				
7	安全规范	现场出现违规、危险操作安全隐患扣10分	10				
8	总 分		100				30%+30%+40%=实际得分
9	小组组长签字:	教师签字:					实际得分:

第二单元
汽车装饰

第一章 设备、工具、材料使用说明

一、专用工具

专用工具及使用见表2-1-1。

专用工具及使用　　　　　　　　　　　　　　　表2-1-1

工具名称	图例	使用
热风枪		加热窗膜，使其收缩变形，达到与玻璃一致的形状。还可以将玻璃上的有用贴物加热后，便于取下
铲刀		清除玻璃上的顽固污渍和残留的粘贴物
壁纸刀		用来裁剪窗膜，修饰形状，与保护膜分离。窗膜的裁切是车窗玻璃上直接进行的，为了精准地裁出窗膜，同时又不划伤玻璃，必须掌握正确的持刀方法。用于太阳膜开料、成形时的裁切
照明灯		贴膜时用于前后风窗玻璃，烤膜完成之后，精裁边使用
卷尺		用来测量车窗和窗膜的尺寸，便于裁膜时取直
钢直尺		用来度量玻璃大小尺寸、太阳膜开料
裁膜台		用来摆放窗膜和窗膜粗裁时的操作台，要求平滑且不能过硬
牛筋刮板		橡胶材质，质地较软，用于清洁汽车玻璃，太阳膜定位，刮出太阳膜内部水分，装贴太阳膜时辅助平整太阳膜，刮出气泡水分。牛筋刮板一般在太阳膜成形时使用，和装贴太阳膜时排水使用
钢片刮板		用于太阳膜装贴完成之后清除水、气泡，修补轻微皱褶。还用于将门窗密封胶条和玻璃隔开，便于太阳膜进入密封胶条

续上表

工具名称	图 例	使 用
塑料大三角刮板		用于清洁玻璃、太阳膜定位、太阳膜内部赶水、太阳膜加热收缩后辅助成形、刮平太阳膜
塑料小三角刮板		用于太阳膜定位赶水,及部分车型小三角玻璃的清洁、赶水
插边刮板		装贴车门挡风玻璃时,防止车膜皱褶,辅助将车膜插进密封条
全橡胶加厚刮板		贴膜时,用于车膜定位,辅助平整车膜,推出气泡
世达工具108件套		用于拆除汽车车身零部件,比如汽车行李架、室外反光镜、汽车门拉手等
世达(SATA)53件电信电工组套		用于拆卸车身局部零部件时螺栓的松卸、固定
抛光机		清除车身漆面的划痕、螺旋纹等漆面瑕疵
速拆辅助工具		使用方便、安全、快捷;用于拆卸所有车型仪表、门板、压条、门扣、钉扣等汽车零部件
定位器(吸铁石)		用于车身改色膜定位,防止车身改色膜移动错位
滚轮(压轮)		用于车身弧度部位改色膜的粘贴

续上表

工具名称	图例	使用
针笔		用于车身改色贴膜完成后的气泡排出、清除
四方刮板		分为鹅毛刮板、羊毛刮板、鹿皮刮板、棉布刮板等;主要用于车身改色贴膜的粘贴固定
吹尘枪		配合空气压缩机使用,用于吹出藏于车身装饰条、倒车镜、车身缝隙等处水分
喷壶		盛装清洁剂或者酒精溶剂,便于喷洒清洁剂,清洁车身
工具车		工具车主要用于存放工具和材料,施工作业时便于零部件临时的存放
电工工具组套	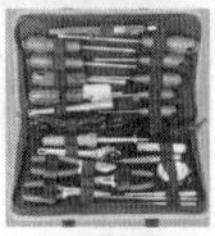	拆卸汽车内饰附件螺栓的松卸和紧固
扭力扳手		用于松卸、紧固汽车各连接螺栓,根据维修手册上的规定力矩紧固零部件

二、材料

汽车装饰用品及使用见表2-1-2。

汽车装饰用品及使用　　　　　　　表2-1-2

材料名称	图例	使用
汽车贴膜液		用于贴膜时,使车膜与玻璃之间的间隙更加润滑
除胶剂		用于贴膜之前,清除玻璃上残留胶
大毛巾		用来保护仪表台、座椅等内饰。垫放工具,防止工具划伤和吸收流淌下来的清洗液和贴膜液

第二单元　汽车装饰

续上表

材料名称	图例	使用
小毛巾		小毛巾应该选用不掉毛的毛巾，小毛巾用于清洗侧挡玻璃边缝里的，污物
遮蔽纸		防止内饰件和车身被清洗液和安装液淋湿，或液体残留而产生难以去除的污渍
无纺布		用于清洁玻璃或防刮伤，刮板赶水，贴膜吸水
防爆膜	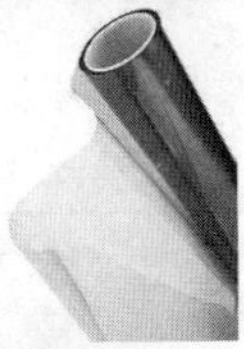	粘贴于汽车玻璃，阻隔紫外线、高温，防止汽车内饰附件变色、老化
美容泥		美容泥清洁车漆表面的氧化层和附着力较强的污渍，杜绝改色膜粘贴后出现缺陷瑕疵
通用除胶剂		通用除胶剂用于清除车身表面、残胶
专用棉布手套	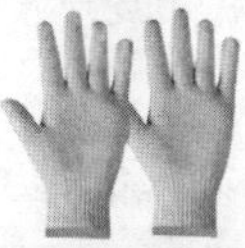	辅助车身改色贴膜粘贴，逐赶膜内气泡
汽车碳纤维膜		用于汽车车身改色和内饰改色
美纹纸胶带	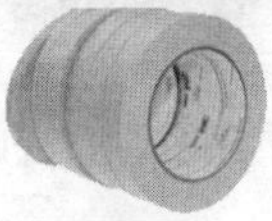	纸胶带具有黏性好，易清洁，使用方便，常用于彩条装饰定位
万能泡沫清洗剂		用于汽车座椅、门板、仪表板等部位的清洁

51

第二章　车窗太阳膜装饰

学习目标
- 能够正确使用工具及维护；
- 会正确勾兑清洁剂；
- 会正确使用热风枪及工具；
- 会清洁玻璃及操作太阳膜粘贴；
- 安全规范进行现场贴膜操作。

第一节　车窗太阳膜装贴工具

工具是技术工人的贴心助手，合理地选用工具可以提高作业速度及质量。掌握汽车太阳膜装贴工具的作用、使用方法及维护的基础知识，正确使用和维护工具，提高技术工人专业技能。

一、专用工具

热风枪，铲刀，壁纸刀，照明灯，卷尺，钢直尺，裁膜台。

二、排水工具

牛筋刮板，钢片刮板，塑料大三角刮板，塑料小三角刮板，插边刮板，全橡胶加厚刮板。

三、贴膜材料

汽车贴膜液，喷壶，除胶剂，大毛巾，小毛巾，遮蔽纸，无纺布，防爆膜。

第二节　汽车太阳膜

在汽车车身中，车窗玻璃占了很大一部分面积。开阔的车窗可以保证驾驶安全，并给驾乘人员提供了充足的与大自然接触的视觉空间。但在炎热的夏季，强烈的紫外线会透过玻璃照射到汽车内室，从而灼伤驾乘人员的皮肤、加剧汽车内饰件的老化、增加空调系统的负担、增加油耗，甚至影响驾驶安全。因此，有必要对汽车车窗玻璃进行贴膜处理。

一、太阳膜作用

1. 防爆功能

太阳膜具有很强的黏性和良好的韧性，可以有效防止汽车玻璃爆碎后飞散伤人，保护驾乘人员人身安全。

2. 隔热功能

太阳膜可以有效防止红外线进入汽车驾驶室，阻隔热量，降低驾驶室温度，减小汽车空调运行负荷，节约能源。

3. 隔离紫外线功能

驾乘人员长时间受太阳光紫外线辐射，会对皮肤造成灼伤，易诱发皮肤癌，太阳膜可有效阻挡紫外线，保护汽车内饰件(仪表台、座椅、装饰物等)，防止内饰件氧化、老化。

4. 防眩光和单导向透视功能

太阳膜能够有效过滤部分眩光，减弱光线强度，改善驾驶人视野，保证驾驶安全。

太阳膜还具有单向透光性，阻挡车外人员向车内透视，增强驾驶室隐私。

5. 装饰作用

合理选择汽车玻璃太阳膜颜色，可以有效提高汽车的美观性。

二、太阳膜基本结构

太阳膜主要由表面抗划伤涂层、安全基层、隔热层、防紫外线层、感压式粘胶层、"易施工"胶膜层六部分组成，如图2-2-1所示。

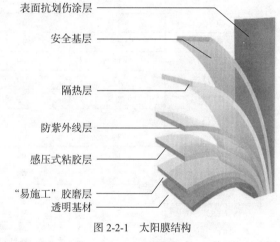

图 2-2-1　太阳膜结构

1. 表面抗划伤涂层

该层的材料是透明的丙烯酸，非常坚韧，涂布在太阳膜表层，耐摩擦，经常清洗玻璃不易产生划痕，使玻璃看上去经久如新。

2. 安全基层

该层的材料是透明的聚氨酯，具备较强的抗冲击能力，能有效地保护车内乘客安全。在受外来冲击力时，该安全基层能把破碎的玻璃粘在一起，防止飞溅伤人。同时，该安全基础能够有效地过滤阳光和对方汽车远光的眩光，保证驾驶人安全舒适行车。

3. 隔热层

该层的结构是将铝、银等金属分子通过溅射的方式涂布在安全基层上，这些金属层能将阳光中的红外线反射回去，从而达到隔热的效果，节约燃油。

4. 防紫外线层

在太阳膜上涂布一层特殊涂层，该涂层隔断太阳光中的紫外线，从而达到保护汽车内饰及车内乘客免受紫外线侵害的作用。

5. 感压式粘胶层

该层是安全膜品质的重要保障,既要非常清晰,又要能抵抗紫外线、不变色,同时还要有非常强的黏结力,在发生意外冲击的情况下,太阳膜能够粘住破碎的玻璃,保护驾乘人员的人身安全。

6. "易施工"胶膜层

该层主要有玻璃状的粘胶组成,主要是在太阳膜施工过程中使膜在玻璃上易于移动,方便施工,增加太阳膜和玻璃的黏结力。

透明基材:该层的材料主要是保护太阳膜,便于施工过程中剥离掉隔离层。

三、太阳膜性能指标

太阳膜的性能指标主要是体现太阳膜品质的主要依据。不同类型太阳膜性能见表2-2-1。

不同类型太阳膜性能　　　　　　表2-2-1

品牌名称	产品编号		通光率(%)	紫外线阻隔率(%)	总太阳能阻隔率(%)
3M	风光系列	4545	71	99	33
		8080	87	99	32
		8686	73	99	46
	经典系列	8803	16	99	66
		8702	37	99	56
		9902	60	99	52
		8904	51	99	43
	恒色系列	8035	38	99	39
		9920	16	99	53
		9921	5	99	58
	至尊系列	8305	35	99	57
威固	V-KOOL Solitaire	V-KOOL 70	70	99	55
		V-KOOL 40	43	99	65
	V-KOOL Stature	X75	77	99	45
		X68	66	99	47
		X15	17	99	69
强生	Insulatir 系列	IR70	71	99	32
		IR60	60	99	41
		IR50	50	99	49
		IR40	42	99	54
		IR30	31	99	61
	Flash 系列	FB50	51	99	40
		FB35	33	99	51
		FS65	63	99	38
		FS55	54	99	48
		FGN35	33	99	53

续上表

品牌名称	产品编号	通光率(%)	紫外线阻隔率(%)	总太阳能阻隔率(%)
龙膜	ATR05	5	99	63
	ATN20	22	99	60
	ATN19	21	99	54
	DL30	30	99	54
	PP20	24	99	63
	PP35	37	99	52
	PP60	57	99	44
	SCL	89	99	16

1. 透光度和清晰性

该指标是行车安全最重要的性能，选择透光度高的太阳膜，可以保证良好的视线。国家交通安全要求前风窗玻璃的太阳膜透光率必须达到70%以上，侧门窗太阳膜的透光率不低于40%。

2. 紫外线阻隔率

高品质的太阳膜对紫外线阻隔率都在98%以上。高紫外线阻隔率能有效防止车内人员和内饰件照射，缓解内饰件老化。

3. 防爆性能

优质防爆膜本身有很强的韧性，玻璃破裂后可被膜粘牢不会飞溅伤人，并且其抗冲击性能很强。而劣质防爆膜手感很软，缺乏足够的韧性，不耐紫外线照射，易老化发脆。

4. 总太阳能阻隔率

总太阳能阻隔率是指太阳光谱中被阻隔掉的总能量，包括可见光、红外线、紫外线。一般来讲，颜色越深，总太阳能阻隔率越高。

四、太阳膜鉴别

1. 手摸（图2-2-2）

优质太阳膜摸上去有厚实平滑感，其表面经过硬化处理，长期使用不易划伤表面。劣质太阳膜则手感薄而脆，易起皱、划伤，清晰度较低。

2. 鼻闻（图2-2-3）

正品的隔热膜撕开隔离层后不会产生异味，劣质或假冒膜通常在胶层中残留的苯含量较高，有比较刺激的异味，会严重危害车主的身心健康。

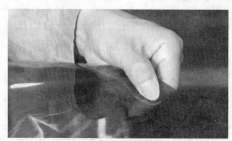
图2-2-2 手摸

图2-2-3 鼻闻

3. 眼观（图2-2-4）

观察清晰度，优质隔热膜的清晰度可高达70%以上，无论颜色深浅，透视性能均良好，在夜间、雨天行车也能保持良好视线。而劣质膜采用的是普通染色工艺，靠颜色隔热，颜色深，从车内向外看总有雾蒙蒙的感觉。另外也可以看有无气泡，撕开太阳膜透明基材再重新合上时，劣质太阳膜会起泡，而优质太阳膜则完好如初。

4. 灯烤（图2-2-5）

使用大功率的白炽灯等模拟太阳光源，测试太阳膜阻挡热量的能力。也可以做一个简单的测试方法来作比较：在一个碘钨灯上放一块贴着车膜的玻璃，用手感觉不到热的是优质车膜，而立即有烫手感觉的则为隔热性较差的劣质膜。优质太阳膜红外线阻隔率应达到98%以上，劣质膜隔热率低，坐在车里会有发闷的感觉，同时，隔离紫外线的效果很差，起不到保护车内饰品及驾乘人员的作用。

图2-2-4　眼观

图2-2-5　灯烤

图2-2-6　牙咬

5. 牙咬（图2-2-6）

用牙齿轻咬一下太阳膜，如果被咬之处有透明点，证明膜是粘胶着色，而非采用本体渗染和溅射金属着色的方法，采用本体渗透法着色的车膜是不会出现这种情况的，此膜为劣质膜。

6. 看质量保证（图2-2-7）

只有生产厂家质保卡的隔热膜才是可信赖的，厂家的质保卡通常包含质保项目、年限、赔付方式，以及真实可寻的制造商名称、地址和电话。

产品型号	中文名称	颜色	可见光透过率	红外线阻隔率	紫外线透过率	官方报价	配色说明
LB-895（前挡）	冰山美人	透明	66	95	<1	3800	
LB-878（前挡）	秋水伊人	淡绿	70	78	<1	1980	
LB-855（前挡）	玲珑剔透	透明	73	55	<1	1680	
LB-837（前挡）	蓝色梦幻	浅蓝	70	35	<1	1680	
LB-619	常胜将军	古绿	19	68	<1	1680	适合大多数颜色，银色尤其合适
LB-638	风靡神州	浅银灰	38	64	<1	1680	适合红黄等亮色车
LB-637	碧海青天	碧绿	37	55	<1	1680	适合白红色车

图2-2-7　看质量保证

7. 看防伪标志(图2-2-8)

看隔热膜的背面是否有防伪标志,正规品牌的隔热膜背面都印有防伪标志,否则为劣质或假冒隔热膜。

8. 用酒精、汽油擦(图2-2-9)

因为劣质膜是粘胶染色膜,所以去除膜的保护层后用酒精或汽油擦拭胶层,即可见褪色现象。还可以揭开太阳膜背面的透明层,用硬物划一下,劣质膜的掉色较严重,而优质膜是擦不掉颜色的。

图2-2-8 看防伪标志

图2-2-9 用酒精擦

9. 参考技术参数

隔热膜的技术参数主要有透光率、隔热性、防爆性和隔紫外线性能等。通常越透明的膜,隔热性会越低;越反光的膜,隔热性越高。透光率高、反光率低且隔热又好的太阳膜是膜中精品。另外,优质的隔热膜结构中必须设有防爆基层,当车窗玻璃爆裂时应能有效地防止碎片飞散,防止驾乘人员受到伤害。

隔热膜的参考技术参数:

(1)可见光透光率:71%。

(2)可见光反射率:10%。

(3)红外线阻隔率:91%。

(4)紫外线阻隔率:大于99%。

(5)总太阳能隔热率:47%。

10. 检验防划伤性能(图2-2-10)

防划伤是隔热膜的一个基本性能,优质膜在正常升降车窗时,膜的表面不会被划伤,而劣质膜则有明显的缺陷,易被划伤。

图2-2-10 检验防滑性能

第三节 汽车太阳膜装贴

汽车玻璃太阳膜粘贴,是一项对施工工艺要求较高的工作,除了具备专业知识、专业工具,还需要具有良好的施工环境。

一、施工前的准备工作

1. 检查车辆

(1)检查车辆外观和内饰是否有损伤,若有损伤,进行登记记录,并告知车主(外观:车身油漆、车窗玻璃、轮毂轮胎等；内饰：仪表台、座椅、车门及电器开关等）。

（2）检查车辆的年检标志及其他标志并记录；检查车辆玻璃升降器工作情况并记录；检查车辆玻璃是否喷洒防雾剂、上光剂等类型的防护用品并记录。

2. 车辆清洁

（1）清洗车身和清洁内饰，保证车身无泥沙，内饰无灰尘（详见第一单元第一章汽车清洗）。

（2）清洁汽车玻璃表面。使用玻璃专用清洁剂清洁车窗玻璃和密封条，去除车窗玻璃内的3C标志、车辆年检标志及其他附加标志，彻底清除车窗玻璃上附着的黏胶、污物（使用玻璃专用清洁剂喷洒到专用毛巾或者玻璃上，用专用毛巾擦净污渍。遇3C标志可以喷专用清洁剂到玻璃上，配合壁纸刀清除干净；遇需保留标志可以使用热风枪进行加热取下）。

3. 选择太阳膜

在确定太阳膜品牌的前提下，根据车主喜好进行选择太阳膜颜色，并根据车辆本身的汽车油漆颜色进行适当的搭配，提升车辆贴膜后的整体效果。

4. 工具准备

根据车窗玻璃的部位进行贴膜工具的准备。正常情况下，我们选择本课所学工具。

5. 无尘施工车间检查

（1）太阳膜粘贴的工作场景有两种：一种是露天环境，尘土飞扬；另一种是无尘施工车间，宽敞明亮，无尘恒温。无尘施工车间是保证太阳膜粘贴施工质量最重要的条件之一。

（2）露天环境主要是灰尘较多，容易造成太阳膜在粘贴过程中产生气泡，影响美观。可以采用地面洒水的方法，并在粘贴过程中关闭车门，防止灰尘侵入。无尘施工车间，平时保持车间干净整洁，在贴膜前并进行拖把拖地，防止灰尘侵入。

二、汽车太阳膜装贴注意事项

（1）在裁膜和裁版时，裁膜刀严禁划伤玻璃及密封条。

（2）烤枪温度要掌握适当，严禁过高或过低，以免造成太阳膜的收缩不均，导致损坏。

（3）烤枪不能对着玻璃长时间的局部烘烤，以免温度过高，导致玻璃炸裂。

（4）烤枪使用完毕，严禁随意放置。必须放置在专用托架上以免造成烫伤，及引起火灾。

（5）禁止工作服不干净进行贴膜施工，防止灰尘侵入。

（6）禁止在玻璃清洗时或者撕开透明基材时开关车门。

（7）严禁太阳膜粘贴后反复掀开移动，防止太阳膜脱胶或进入沙粒。

（8）在太阳膜粘贴后的3~7天内，禁止升降车窗、清洁玻璃。

三、太阳膜施工流程

1. 内饰板遮盖

在贴膜过程中，清洗玻璃的溶剂稍不注意就会渗进汽车的电控系统，从而导致开关失灵甚至局部电路短路。采用遮蔽膜贴护车门内饰板电器开关及喇叭；采用大毛巾遮蔽汽车仪表板和汽车后玻璃储物台，防止清洁剂造成内饰件污染、损坏（图2-2-11）。

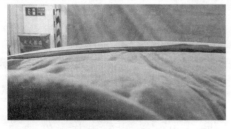

图2-2-11　毛巾遮盖

2. 裁膜

1）粗裁（图2-2-12）

使用报纸或者太阳膜衬纸，在汽车的侧车窗玻璃裁出模板。也可以使用钢直尺或者盒尺量出玻璃的尺寸，根据尺寸裁出太阳膜。在裁剪侧车门玻璃的太阳膜，一般比原车玻璃左右边缘略大1cm左右，底部略大2cm左右，防止玻璃漏光。

注意：裁膜时，合理的搭配太阳膜材料，确定太阳膜正反面，符合该玻璃。前风窗玻璃在裁膜时，一般采用竖裁的方法，便于烤膜。（根据玻璃确定烤膜方向，竖裁膜烤上下，横裁膜烤左右。）

2）精裁（图2-2-13）

图2-2-12　粗裁

图2-2-13　精裁

（1）使用牛筋刮板清洁玻璃一至两遍。

（2）确认太阳膜正反面，把裁好的太阳膜反铺在玻璃上，并调整好底部和左右两边任意一边位置。

（3）使用壁纸刀靠住左右位置的一侧和顶部，一刀到底，中间严禁停顿。在玻璃顶部也可以采用玻璃下降的方法，用壁纸刀放在玻璃的边缘，平稳的从一头裁到另一头即可。

（4）部分车辆车门玻璃弧度较大，需进行加热成形。精裁好的太阳膜向玻璃上端移动至太阳膜底端，太阳膜底端与密封胶条保持2~3cm，使用热风枪调整温度400~500℃对准太阳膜鼓出部分进行烘烤，当太阳膜出现收缩变形时，使用塑料刮板用力向下推平即可。

3. 前后风窗玻璃太阳膜成形

前、后风窗玻璃太阳膜装贴前必须先成形，成形的方法要求"高温高速"，即将热风枪的温控按钮调至最高，风速也控制在高速挡，快速成形。目前常用的烤膜方法有两种：干烤法和湿烤法（图2-2-14）。专家表示：从安装难度方面考虑，干烤利用了更多的空间位置让膜得到更大空间上的收缩，所以比湿烤要简单得多；而湿烤在加热的过程只是利用了很小一部分的空间让膜收缩，从而湿烤比较困难。从膜的厚度方面，湿烤的优势在于它可以让膜一次性成形，而干烤则很难对厚膜进行一次性成形，所以干烤不适合较厚的太阳膜。

前、后风窗玻璃太阳膜干烤成形完成后，先开太阳膜的一侧，使用玻璃专用清洁剂喷洒，再掀开

图2-2-14　烤膜

另一面进行喷洒，喷洒太阳膜表面，使用牛筋刮板刮平太阳膜，如果发现有部分小弧度，可以再次进行湿烤，使用塑料刮板刮平。

太阳膜与玻璃平整后，使用壁纸刀进行裁膜。（一般裁膜位置在于玻璃的陶瓷点上或者黑陶瓷玻璃2mm处。）

太阳膜精确裁好后，卷成管的形状收起，防止太阳膜褶皱。

4. 装贴太阳膜

1）车门玻璃装贴

（1）清洁玻璃内侧（图2-2-15）：先调整喷壶喷出的清洁剂为水雾状，对车内外空间进行喷洒，降低空气中的灰尘。在玻璃上喷洒清洁剂，使用牛筋刮板对玻璃进行赶水，并注意玻璃上的颗粒、残胶，喷水后使用壁纸刀去除。降下玻璃，使用毛巾和塑料刮板清洁密封胶条。确认干净后，升起玻璃，再次进行清洁，直至玻璃干净光滑即可。

（2）剥离透明基材（图2-2-16）：玻璃清洁干净后，均匀喷洒清洁剂。撕开太阳膜透明基材，喷洒清洁剂，（边撕边喷，防止灰尘侵入）保证膜面黏胶光滑，并能在干净的玻璃表面平稳的移动，调整太阳膜位置。

图2-2-15　清洁

图2-2-16　玻璃透明基材

（3）太阳膜粘贴：车门玻璃粘贴一般多采用从上至下的粘贴方法。降下玻璃至透出玻璃的顶端边缘，附上太阳膜，调整好理想位置，喷洒清洁剂至太阳膜表面，使用牛津刮板固定上端太阳膜，上升玻璃至顶端，掀开下端太阳膜，喷洒清洁剂，把太阳膜平铺到密封条下端，喷洒清洁剂，牛筋刮板固定太阳膜。再次喷洒清洁剂，平铺透明基材（当太阳膜不能进入密封条时，可以使用钢片刮板辅助进入）。

（4）太阳膜排水：使用塑料刮板在太阳膜的中间位置向周边均匀地刮出多余的清洁剂。再使用钢片刮板挤出剩余的清洁剂。

（5）检查、收拾场地：认真检查太阳膜粘贴情况，出现气泡、轻微灰尘时，再次使用钢片刮板排除水汽。清洁车门，收拾工具，打扫场地卫生。

2）前后风窗玻璃装贴

（1）遮蔽防护：使用大毛巾遮盖中控台和挡位操控台。

（2）清洁玻璃内侧：对车内空间喷洒清洁剂，并均匀喷洒前风窗玻璃，使用壁纸刀清除环保标志和3C认证标志，清除干净残胶、颗粒物。一般清洁2~3遍，直至干净即可。

（3）剥离透明基材：在太阳膜成形完成后，撕开透明基材，喷洒清洁剂后平铺透明基材（便于在车厢内撕开透明基材）。也可以直接在车厢内直接撕开。

（4）太阳膜粘贴：玻璃喷洒清洁剂，把太阳膜附在玻璃上，调整理想位置，在太阳膜表面再次喷洒清洁剂，使用牛筋刮板从中间向两边固定太阳膜。整体太阳膜固定完成后，再次喷洒清洁剂,贴附透明基材,使用塑料刮板挤干清洁剂即可。

(5)检查:检查太阳膜是否存在缺陷,采取相应的方法进行治理。

(6)收拾场地。

5.常见质量问题和预防

1)透光率较高的太阳膜,如何减少灰尘

如果太阳膜透光率较高,空气中的灰尘落到太阳膜上很明显,因此在贴膜前必须使车内外空气湿润,以减少空气中的浮尘。对车内座椅装饰较多的车辆,可以使用保鲜膜包装以后再施工。撕膜前手指必须洗净,防止太阳膜边角灰点较多。

2)如何减少烤膜时产生的虚印

烤膜前尽量将鼓泡分匀、分小,将大泡烤到快消失前将其分成几小段;对有难度的烤膜,应在烤膜前尽可能将其裁小。同时,为防止边缘被烤坏,可在距陶瓷点3mm处将多余的膜裁掉,以减少难度;对有弧度的玻璃,烤膜完成后,裁膜时一定不能压点。

3)橘皮纹产生的原因及预防措施

太阳膜本身存在质量问题;上膜时未将水分充分赶干净;水质不好(需用纯净水);润滑剂不好(可选用洗洁精或者婴儿洗发液(不含天然蜂蜜的),可防止润滑液碱性太强与太阳膜上的胶发生化学反应,产生白点现象)。另外,有些灰点较多的区域,由于水分受灰点影响不能赶干净,也会出现橘皮纹现象。

4)水泡和斑点问题的出现和预防

水泡现象在贴膜施工作业中比较常见,出现原因主要是赶水不充分所导致,在膜层留下水分。斑点产生的原因主要有空气漂浮物、用水不清洁、内饰件灰尘多、手指不干净、施工环境差等。

1.写出合理的太阳膜粘贴施工流程。

2.汇集目前市场上太阳膜的品牌。

3.简述威固牌太阳膜前风窗玻璃烤膜过程。

汽车太阳膜装贴考核评价见表2-2-2。

汽车太阳膜装贴考核评价表　　　　表2-2-2

班级:　　班　第　　组　小组成员:　　　　　　　　日期:　　年　月　日

序号	考核内容	考 核 要 点	分数	学生自评	小组评价	教师评价	备注
1	劳保穿戴	(1)未穿戴围裙或者工作服扣3分 (2)未穿劳保鞋扣2分	5				
2	团队意识	(1)不能相互协助扣2分 (2)不能顾全大局扣2分	4				

续上表

序号	考核内容	考核要点	分数	学生自评	小组评价	教师评价	备注
3	汽车太阳膜装贴准备工作	(1)设备准备不齐全,不调试扣2分 (2)工具不齐全扣2分 (3)清洁剂选用不正确扣2分	6				
4	汽车太阳膜装贴实施操作	(1)未检查车身、玻璃等各扣3分 (2)内饰板未做防护扣5分 (3)未清洁室外玻璃扣2分 (4)未测量尺寸或粗裁模板扣3分 (5)精确裁膜,出现裁错、裁坏扣10分 (6)弧度过大未进行太阳膜烘烤收缩扣2分 (7)室内玻璃清洁,玻璃边框清洁不到位扣5分 (8)玻璃膜衬膜撕开后未及时喷洒清洁剂扣3分 (9)玻璃膜固定后重新掀起再次固定扣2分 (10)内饰板潮湿扣2分 (11)前风窗玻璃太阳膜烤坏或者玻璃炸裂,本项及以下项不得分	35				
5	汽车太阳膜装贴检查结果	(1)玻璃膜距离玻璃边缘超过2mm扣4分 (2)玻璃膜内有气泡扣4分 (3)玻璃膜表面划伤扣6分 (4)玻璃膜内有砂粒扣4分 (5)玻璃膜边缘线条裁剪不均匀扣4分 (6)玻璃膜裁小透光扣8分	30				
6	现场整理	(1)现场工具、用品使用零乱扣2分 (2)毛巾使用后未清洁扣2分 (3)太阳膜装饰完成后现场整洁有序、符合6S标准,不符合扣5分	10				
7	安全规范	现场出现违规、危险操作安全隐患扣10分	10				
8		总　分	100				30%+30%+40%=实际得分
9	小组组长签字:		教师签字:			实际得分:	

第三章 车身改色

学习目标

❖ 会使用卷尺测量车身零部件尺寸;
❖ 能够独立拆装汽车零部件附件,例如汽车门拉手、转向灯等;
❖ 熟悉汽车车身改色贴膜操作流程;
❖ 安全规范地进行汽车车身改色贴膜操作。

第一节 车身改色工具

一、专用工具

世达工具108件套,世达(SATA)53件电信电工组套,抛光机,热风枪,速拆辅助工具,定位器(吸铁石),滚轮(压轮),针笔,四方刮板,吹尘枪,壁纸刀,卷尺,喷壶。

二、材料

美容泥,通用除胶剂,专用棉布手套,毛巾,无纺布,汽车碳纤维膜。

三、无尘车间

1. 基本结构

一般由瓷砖地面、白色灯光、玻璃门窗和温度调控器等构成。

2. 使用方法

(1)打开电源总开关,检查车间灯光。
(2)使用吸尘器打扫车间,并使用拖布擦拭地面。
(3)对车间墙面、玻璃进行喷洒清水擦拭。
(4)调整无尘车间温度处于最佳温度范围。

3. 注意事项

(1)无尘车间严禁堆放杂物,每辆汽车施工完成后,立即进行卫生清扫。
(2)在车间使用前,向空气中喷洒水分,减少空气中漂浮物。
(3)按规定穿好工作服,严禁穿棉质衣服。
(4)无尘车间所有使用的电源必须安装漏电保护装置,确保用电安全。

第二节 车身改色膜

汽车车身改色顾名思义就是汽车的全部或者局部进行改变漆面原有色彩。按照改色范围分类可以分为全车改色和局部改色；按照改色方式分类可以分为喷漆改色和车身改色贴膜改色。图2-3-1、图2-3-2分别展示全车改色和部分改色，图2-3-3、图2-3-4分别展示喷漆改色和车身改色贴膜改色。喷漆改色和传统的喷漆作业相同，大家可以参照喷漆作业学习。本章主要介绍车身改色贴膜改色。

图2-3-1 全车改色

图2-3-2 部分改色

图2-3-3 喷漆改色

图2-3-4 改色贴膜改色

汽车改色贴膜包括哑光系列、亮光系列、珠光系列、碳纤维膜系列、金属拉丝系列、电光金属系列、透明保护系列、哑光电镀系列、拉丝电镀系列、镜面电镀系列、渐变系列、个性设计系列等。

一、车身改色贴膜的作用

（1）动感时尚：体现爱车与众不同。

（2）色彩随心：任意色彩，随意变换，质感随意组合，整车局部随意贴换。

（3）养护便捷：只需日常洗车，无须做漆面美容。

（4）保护车漆：防剐蹭，无须做漆面美容，封存原车漆面光彩。

（5）想换就换：揭除后不残料胶质，无黏附残留，不损伤原车车漆。

二、车身改色贴膜的特点

（1）耐久性能优越：极好的户外耐久性，优级产品3~5年，特级产品7~9年，无脱胶、不褪色、不起翘、无脆裂。

（2）优异背胶黏性：40min内可反复粘贴便于多次施工定位；24h固化后，具备永久性、可移除性、高遮蔽性特点；施工揭除后无胶质残留。

（3）单张平整度好：展开后平整度极佳，不易产生折痕，便于施工。

（4）良好延展韧性：拉伸强度好，可完美包括车身曲折及弧度表面。

（5）尺寸稳定性强：固定后不再产生伸缩。

（6）整膜覆盖性好：超宽幅宽度达1.524m，保证整膜覆盖，无须拼接。

（7）高效滤光性能：隔绝UV辐射，降低紫外线、高温对原车车漆的损伤。

（8）抗腐蚀能力强：耐化学物质腐蚀及酸雨、虫尸、鸟粪、树脂等的侵蚀。

（9）遮蔽性能优异：可完全遮蔽原车车漆颜色，展现车身膜本身亮丽色彩。

（10）划痕自我修复：对膜表层产生的细微划痕，可通过施工工艺处理即可自动弥合。

（11）耐候性能卓越：高温、严寒、风沙及海风地带均有良好耐候性，可始终保持鲜亮，持久晶莹。

（12）惰性阻温阻燃：-40~90℃温差适应性，惰性隔热，有效阻隔日晒高温，降低自燃危害。

第三节　车身改色流程

汽车车身改色贴膜可以在不破坏原车油漆的情况下改变汽车车身颜色。

一、施工前的准备工作

1. 工作人员准备

穿戴工作服、劳保鞋、棉纱手套。

2. 场地准备

（1）需要用到的材料和工具，存放到工具车上。

（2）无尘车间清扫，并喷水湿润。

注意：空气中的灰尘较多，需要降水进行湿润减少空气中的灰尘漂浮。

3. 车辆检查

（1）车辆停放到汽车清洗工位合适位置，拉起驻车制动器操纵杆、复位挡位、车辆熄火，拔出点火钥匙。

（2）检查车辆外观和内饰是否有损伤，若有损伤，进行登记记录，并告知车主进行签字确认（外观：车身油漆、车窗玻璃、轮毂轮胎等；内饰：仪表台、座椅、车门及电器开关等）。

二、车身改色贴膜注意事项

（1）操作人员禁止穿戴戒指、皮带、手表以及明扣明拉链衣物，防止划伤油漆和改色膜。

（2）加热烘烤改色膜时，严禁长时间加热和过度拉伸，防止损坏改色膜。

（3）烤枪使用完毕，严禁随意放置。必须放置在专用托架上以免造成烫伤，及引起火灾。

（4）使用四方刮板粘贴改色膜时，应心细、动作轻，每次刮赶面积不宜过大，防止改色膜皱褶、破损。

（5）使用壁纸刀精裁改色膜时，动作要稳，力度要适当，防止划伤油漆和改色膜。

（6）拆安装车身附件时，查看维修手册，做到多观察，多动脑，拆装动作要轻，防止损坏附件。

（7）车身改色贴膜后，严禁在7天内清洗车身，保证改色膜与油漆粘贴牢固、完美结合。

（8）清洁车辆时，禁止使用除胶剂、化油器清洗剂、沥青清洗剂、抛光剂等腐蚀性化学物质，严防损坏改色膜。

（9）高压水枪冲洗车身缝隙时，禁止直接喷射，会导致改色膜边缘翘起。

(10) 使用硬物刮擦改色膜和用力擦洗改色膜表面,会造成改色膜划伤、损坏。

(11) 停放车辆时,尽量避开灌木丛或树林,防止腐蚀破坏改色膜。

(12) 使用 pH 值在 3~11 清洁剂擦拭车身改色贴膜表面。

(13) 严禁改色贴膜表面打蜡或者抛光,防止改色膜受损发白,影响美观性。

三、车身改色贴膜操作流程

专业汽车车身改色的流程为：车身检验、整车清洁、测量裁膜、改色膜粘贴、表面清洁、质检验收、6S 管理等六个步骤。以粘贴改色膜的方法介绍操作步骤。

1. 车身检验

车身检验主要检查汽车油漆的基本情况。向车主询问车漆是否做过修补。在操作中可能对漆面造成损伤,告知客户可能存在的风险,如图 2-3-5 所示。

2. 整车清洁

车身改色贴膜前对车身表面进行深度清洁,并恢复车身表面原有光泽。具体操作流程详见第一单元第一章汽车清洗。操作流程如下：

（1）先对车身表面进行清洗（图2-3-6）。使用高压水枪冲洗车身表面、车身缝隙等部位的灰尘、泥土、鸟粪和油污等污渍,并进行精细擦沫,最后冲去车身表面的泡沫和污渍（详见第一单元第一章汽车清洗）。

图 2-3-5　检查车身

图 2-3-6　清洗车辆

（2）使用美容泥磨去车身表面的氧化层（图2-3-7）,并清洗干净,无残留污渍。（详见第一单元第三章车身漆面抛光、打蜡、封釉）

（3）使用通用除胶剂去除车身表面的黏胶、沥青等特殊污渍（图2-3-8）。

图 2-3-7　清除氧化层

图 2-3-8　清除沥青

（4）对于车身表面划痕、太阳纹较多,光泽暗淡,应先进行车身表面抛光去划痕处理（图2-3-9）。（详见第一单元第一章车身漆面抛光、打蜡、封釉）

（5）使用毛巾擦拭各部件连接处缝隙的污渍，并使用无纺布和酒精溶液彻底清洁干净（图2-3-10）。

图2-3-9　漆面抛光

图2-3-10　酒精清洁

3. 测量裁膜

（1）使用卷尺分别测量出各个车身部位的尺寸（图2-3-11），改色膜的尺寸应大于相关车身部位尺寸10cm，并进行记录。

（2）根据测量尺寸计算车身改色膜的裁剪方法，合理搭配，节约材料。

（3）裁出相关车身部位的改色膜，并卷起放置，以防褶皱损坏改色膜（图2-3-12）。

图2-3-11　测量尺寸

图2-3-12　卷起改色膜

4. 改色膜粘贴

1）车身改色贴膜前准备

（1）准备车身改色贴膜工具。详见工具介绍。

（2）对无尘车间进行清洁打扫，保持温度在16~32℃。先使用吸尘器对无尘车间进行全方位吸尘，再使用拖布对地面进行清洁。

（3）拆卸车身附件。为了达到完美的贴膜效果，施工前尽可能地把车身门拉手、装饰条、装饰件等进行拆除。拆卸完毕后，使用酒精溶剂和无纺布对拆卸部位进行深度清洁。

2）车身改色贴膜背纸剥离

剥离保护背纸有两种方法：即全背纸剥离法和边贴边剥离法。一般在多人共同操作时多采用全背纸剥离法；对于一个人操作时，多采用边贴边剥离法。

（1）全背纸剥离法（图2-3-13）：剥离车身改色膜背纸时从上往下，使改色膜自然下垂，保持改色膜不动，顺势剥离改色膜保护背纸，防止产生折痕。

（2）边贴边剥离法（图2-3-14）：把改色膜平铺车身预粘贴部位，并进行调试至标准位置，使用定位器在中间位置进行固定，从一侧掀开改色膜，在改色膜边缘部位轻轻撕开脱离背纸,并使用剪刀或者壁纸刀裁开背纸。在裁开车身改色膜背纸时,严禁背纸掉渣,剪刀或者壁纸刀损坏改色膜;严禁手臂或者其他物件接触胶面。

图2-3-13　全背纸剥离　　　　　　　　图2-3-14　边贴边剥离

3）车身改色贴膜定位

以发动机罩为例,车身改色膜定位时,根据改色膜与粘贴部位尺寸,调整好位置轻轻放下,两人配合向四角拉伸平铺于漆面,取中间位置固定定位器,使用四方刮板延中间位置左右直线刮平,去除车身改色膜粘贴部位的气泡,如图2-3-15所示。

4）车身改色贴膜粗略裁剪

车身改色贴膜固定完成后,对车身改色膜边、角多余部分进行裁剪,边角部位应多3~5cm,保证车身改色贴膜能更好地包覆于粘贴部位的反面,如图2-3-16所示。

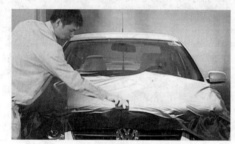

图2-3-15　改色膜定位　　　　　　　　图2-3-16　粗略裁膜

图2-3-17　改色膜加热

5）车身改色贴膜粘贴

车身改色贴膜粘贴时,使用四方刮板按照定位线垂直刮平改色膜面,刮板应重叠覆盖30%~50%,赶出车身改色贴膜内部所有的气泡。对于较大的气泡,建议揭开重新赶膜;对于相对较小的气泡,可使用四方刮板或者手指轻轻挤压,使气泡分散。对于凹凸面使用热风枪辅助加热(图2-3-17),适度拉伸粘贴(烤枪温度控制在100~150℃)。

使用鹅毛绒刮板或者软布料的塑料刮板尽量避免改色膜表面折痕的产生(图2-3-18)。若施工操作中产生折痕等缺陷,使用热风枪对皱褶处进行加热烘烤。同时,在烘烤过程中改色膜会变软,严禁用力过度拉伸车身改色膜,会破坏胶层,影响车身改色贴膜的粘贴强度。

6）车身改色贴膜精细切割

依照车身缝隙处的边缘轮廓精细裁切(图2-3-19),切割边缘预留2mm,并整齐无锯齿

图 2-3-18　塑料刮板贴膜　　　　　　　图 2-3-19　精细裁膜

7）车身改色贴膜边缘固封

使用无尘布包裹四方刮板，将预留出的改色膜压进车身缝隙，并反向固定，如图 2-3-20 所示。

边角位置，使用热风枪加热烘烤，使其更好贴合弧度部位，增加车身改色膜与车身表面的黏结力，如图 2-3-21 所示。

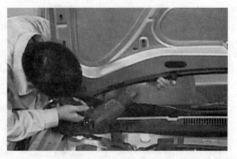

图 2-3-20　边缘固封　　　　　　　　　图 2-3-21　加热粘贴

5. 表面清洁

清洁车身改色贴膜表面残留的手指印痕和灰尘等污渍（图 2-3-22），恢复改色膜表面光泽。为下一步检查工作做好铺垫。

6. 质检验收

检查车身改色贴膜部位，清除缺陷，复位所有拆除的车身零部件附件。一般在 12h 内会出现改色膜翘边、气泡等问题，建议车辆完成粘贴后在店内放置 12h 以上，以检查清除可能出现的车身贴膜问题，如图 2-3-23 所示。

图 2-3-22　表面清洁　　　　　　　　　图 2-3-23　质检验收

粘贴完成后的车身改色贴膜，应无划痕、无灰尘、无气泡、无皱褶、无翘边、无延伸、无破损,色泽均匀一致。

7. 6S 管理

收拾工具,清理场地。

1. 汽车车身改色贴膜的法规及申请程序是什么?
2. 搜集汽车车身改色膜的品牌。
3. 写出喷漆改色的操作流程。

车身改色操作考核评价见表 2-3-1。

车身改色操作考核评价表

表2-3-1

班级：　　班第　　组　小组成员：　　　　　　　日期：　　年　月　日

序号	考核内容	考核要点	分数	学生自评	小组评价	教师评价	备注
1	劳保穿戴	(1) 未穿工作服扣2分 (2) 未戴棉纱手套扣2分 (3) 未穿劳保鞋扣2分	6				
2	团队意识	(1) 不能相互协助扣5分 (2) 不能顾全大局扣5分	10				
3	车身改色准备工作	(1) 工具准备不齐全,每少一种扣1分 (2) 不检查和试用四方刮板扣2分 (3) 改色膜不检查扣2分	8				
4	车身改色实施操作	(1) 未检查车身外观和内饰件损伤扣2分 (2) 检查未做记录扣2分 (3) 彻底清洗车身,边角缝隙不干净扣2分 (4) 未使用美容泥去除车身表面氧化层扣2分 (5) 未使用除胶剂清除车身表面的黏胶和沥青扣3分 (6) 未使用抛光机去除车身表面划痕,每处扣3分 (7) 未使用清洗剂清洁车及缝隙的污渍,每处扣1分 (8) 车身各部位测量尺寸未加10cm扣2分 (9) 裁出的改色膜皱褶扣1分 (10) 作业场地不整洁扣2分 (11) 未拆除车身附件,每处扣1分 (12) 剥离改色膜背纸时,改色膜皱褶、胶面粘落灰尘扣3分 (13) 车身改色膜未进行定位扣3分 (14) 改色膜未进行粗略裁剪1分 (15) 使用四方刮板重叠30%以上,低于扣2分 (16) 烤枪加热使改色膜变形损坏扣5分 (17) 边缘切割不整齐扣1分 (18) 边缘使用热风枪加热粘贴美观、牢固,第一次翘起不扣分,第二次翘起,每处扣1分	36				

续上表

序号	考核内容	考核要点	分数	学生自评	小组评价	教师评价	备注
5	车身改色检查结果	（1）改色膜粘贴完成后，表面未清洁干净每处扣1分 （2）改色膜表面有划痕，每处扣1分 （3）改色膜内部有沙尘，每处扣1分 （4）改色膜表面有皱褶，每处扣1分 （5）改色膜表面破损，每处扣2分 （6）改色膜表面延伸变形，每处扣2分 （7）改色膜边缘有翘起，每处扣0.5分 （8）改色膜表面有气泡，超过5个，每多一个扣0.5分	20				
6	现场整理	（1）现场工具、用品使用凌乱扣5分 （2）现场整洁有序、符合6S标准，不符合扣5分	10				
7	安全规范	现场出现违规、危险操作安全隐患扣10分	10				
8		总　分	100				30%+30%+40%=实际得分
9	小组组长签字：	教师签字：					实际得分：

第四章　座椅的装饰与安装

学习目标
- 能够规范使用工具及常规维护；
- 真皮座椅的鉴别方法；
- 会拆卸、安装原车座椅；
- 安全、规范地进行真皮座椅更换及坐垫安装。

第一节　座椅装饰工具

一、常规工具

世达工具108件套，电工工具组套，扭力扳手，热风枪，壁纸刀，工具车。

二、材料

专用棉布手套，纸胶带，毛巾，万能泡沫清洗剂。

第二节　座椅装饰

汽车座椅装饰主要是对驾乘人员的座椅进行加装或者更换汽车座椅套和汽车坐垫，为驾乘人员提供良好的乘坐舒适性，提高汽车内饰的美观性，给驾乘人员一个美好、健康的移动"家园"。

一、汽车坐垫装饰分类

（1）根据汽车坐垫的功能分类：分为普通坐垫和保健坐垫，如图2-4-1、图2-4-2所示。

图2-4-1　普通坐垫

图2-4-2　保健坐垫

（2）根据四个季节分类：分为清凉坐垫、棉毛坐垫和四季坐垫，如图2-4-3~图2-4-5所示。

图 2-4-3　清凉坐垫

图 2-4-4　棉毛坐垫

图 2-4-5　四季坐垫

（3）根据汽车坐垫工艺分类：分为手工汽车坐垫和机织汽车坐垫，如图2-4-6、图2-4-7所示。

图 2-4-6　手工汽车坐垫

图 2-4-7　机织汽车坐垫

（4）根据汽车坐垫制作材料分类：分为皮革坐垫、亚麻坐垫、羊毛坐垫、天丝坐垫、冰蚕丝坐垫、竹制坐垫、草制坐垫、玉石坐垫、按摩坐垫、决明子坐垫、山楂籽坐垫、竹炭坐垫、荞麦壳坐垫、木珠坐垫等。

① 天丝坐垫（图2-4-8）。天丝是一种高分子材料，属于纤维的一种，它具有很强的排湿、

排汗功能，耐用性超过大多数的天然纤维及其他人造纤维。由它织成的汽车坐垫具有柔软的手感，良好的布面光洁度、悬垂性，以及具有吸湿透气性和较高的强度等优良特性，在冬天也不会有冰凉的感觉，是一种四季通用的汽车坐垫。

②亚麻坐垫（图2-4-9）。亚麻是有"人体空调"美誉的优良材料，能够调节人体温度。

图2-4-8　天丝坐垫

图2-4-9　亚麻坐垫

③竹炭坐垫（图2-4-10）。竹炭汽车坐垫，利用竹炭多孔结构，可以有效地吸附汽车内废气味、汗臭味、空调异味和烟味，其产生的负离子能净化空气，保持车内空气清新。

④羊毛坐垫（图2-4-11）。根据制作工艺不同可以分为剪绒和高低毛两种；根据使用毛料的位置不同还可以分为毛根制品和毛尖制品。羊毛坐垫不仅保暖性能优异，也较有档次，是很多用户在冬天的首选面料。

图2-4-10　竹炭坐垫

图2-4-11　羊毛坐垫

⑤按摩坐垫（图2-4-12）。按摩坐垫，采用特殊配方模塑发泡的慢回弹聚氨酯，根据人体工程学原理的弧线形状设计，能更好地支撑腰部，背部能完全贴合腰部，有效缓解驾车时的疲劳和压力，5个振动式电动机，分别位于颈部、背部、腰部和左右腿，电动机速率分高与低两档，及几种模式可供您自由选择和调节。按摩坐垫采用微机控制，背部有一组加热装置，加热装置配备温控器，保证使用安全、舒适；加热装置能驱除寒气、加速血液循环，寒冬使用

更佳；按摩装置能缓解肌肉劳损、促进血液循环，促进身体健康，它除了可以在车上使用，还可以在家里、办公室使用。

⑥仿羊毛坐垫（图2-4-13）。这类坐垫的优点在于价格比较实惠，由于是仿羊毛的人工替代品，相对成本比较低，外形比较多样、时尚，适合大众化消费。具有很好的保暖性，适合冬天使用。

图 2-4-12 按摩坐垫　　　　　　　　　　图 2-4-13 仿羊毛坐垫

二、汽车坐垫装饰作用

1. 保护座椅

座椅一般使用棉布或者皮革进行装饰。棉布在夏季较热，冬季易产生静电；皮革座椅夏暖冬凉。汽车座椅容易被身体携带的污渍污染，指甲、衣扣、钥匙等锐器易造成座椅损伤，缩短座椅使用寿命。安装汽车坐垫能够为原车座椅提供良好的保护。

2. 增加美观

汽车坐垫品种多，款式设计新颖，合理选择搭配汽车坐垫不仅能增加美观，还能提升生活艺术。

3. 提高舒适性

长期或长时间驾驶汽车，容易造成驾乘人员疲劳。安装汽车坐垫能够缓解驾驶人疲劳，提高驾乘人员的舒适性。

4. 降温保暖

汽车坐垫能够起到冬暖夏凉的作用。汽车坐垫分为凉垫和棉垫，主要为驾乘人员提供良好的降温作用，也可以在冬天起到保暖的作用。

5. 身体健康

长期驾驶汽车会带来身体的亚健康，保健型汽车坐垫，能够促进血液循环，消除疲劳，为驾乘人员的健康保驾护航。

三、汽车坐垫的选择

1. 根据原车内饰件颜色

选择座椅垫或者座椅套时，颜色必须和汽车内饰件的颜色相协调，否则色彩杂乱，性情浮躁。

2. 根据汽车坐垫功能

汽车坐垫分为夏季专用型、冬季专用型、四季通用型和保健型，合理选择汽车坐垫，能够保护驾乘人员身体健康和乘坐舒适性。

3. 根据汽车坐垫品质

市场上，汽车坐垫的质量鱼龙混杂，根据汽车坐垫的材料、做工、品牌等判断品质好坏。伪劣汽车坐垫一般气味较重，色泽不均匀，做工较差，严重影响司乘人员的身心健康。

四、真皮座椅的鉴别方法

1. 按压鉴别法

对真皮座椅有效的鉴别是按压法，可用手指按压其表面，压住不放手，若是有许多细微的皮纹向手压处伸去，这种现象表明座椅表皮是用真皮制作，如无此现象，则说明是人造革制作，如图2-4-14所示。

2. 燃烧鉴别法

用座椅的边角料进行燃烧鉴别，如果很容易点燃，则说明是人造革；如果不易点燃，则是真皮，特别是牛皮更难点燃，如图2-4-15所示。

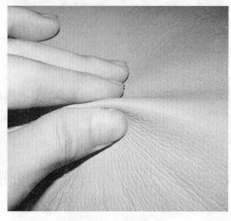
图 2-4-14　按压鉴别

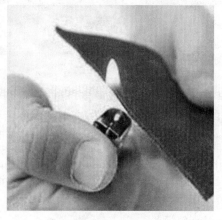
图 2-4-15　燃烧鉴别

图 2-4-16　延展鉴别

3. 延展性法鉴别

定做皮革椅套时，可找出制作时的边角料进行检查，如果该边角料伸展性能好，回弹性好，则说明时人造革；因为真皮的延展性和回弹性都差，如图2-4-16所示。

4. 断面形状鉴别法

真皮材料的表面结构紧密，可见毛孔，内层较粗糙一些，可见一些很细的纤维状的层纹，纤维细绒不易拉出。人造革表面光滑细密，无毛孔，而内层也较粗糙，纤维可用镊子拉出，可见整齐切割的断面，纤维比真皮粗而长，如图2-4-17所示。

5. 滴水鉴别法

真皮的表面有许多毛孔,在皮面上滴一滴水,稍等片刻,水会被真皮吸收,形成水痕,擦去表面水渍,用手触摸有黏黏湿手的感觉,则是真皮。人造革的材质没有毛孔,水不会渗透皮面,如图2-4-18所示。

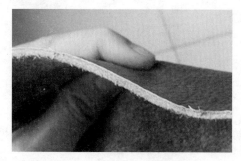 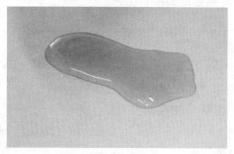

图 2-4-17　断面形状鉴别　　　　　　　图 2-4-18　滴水鉴别

五、其他装饰

1. 头枕(即颈垫)、腰垫

座椅头枕、腰垫(图2-4-19、图2-4-20)使用方便,易清洗,维护颈椎、腰部生理曲度,促进血液循环,有效缓解颈椎和腰肌疲劳,吸收冲击,缓解急制动时巨大的惯性,保证驾乘人员的乘坐舒适、安全、健康。

图 2-4-19　汽车座椅头枕　　　　　　　图 2-4-20　汽车座椅腰垫

2. 儿童安全座椅

儿童安全座椅是一款专业为儿童设计的安全防护座椅(图2-4-21)。我国法规标准的制定主要参照欧洲的 ECER44,在国家标准中规定,"儿童乘员约束系统"就是带有保护带扣的织带或相应柔软的部件、调整装置、连接装置以及辅助装置(例如手提式婴儿床、婴儿携带装置、辅助座椅和碰撞防护),且能将其稳固放置在机动车上的装置。其作用是在车辆碰撞事故或突然减速时,减小对儿童造成的伤害。

图 2-4-21　儿童安全座椅

第三节　座椅装饰流程

汽车座椅装饰分为汽车座椅垫装饰、汽车座椅套装饰和汽车座椅更换真皮。

一、施工前的准备工作

1. 工作人员准备

穿戴工作服、劳保鞋。

2. 场地准备

电源、灯光、工作台、工具车。

3. 车辆检查

（1）车辆停放到汽车清洗工位合适位置，拉起驻车制动器操纵杆、复位挡位、车辆熄火，拔出点火钥匙。

（2）检查车辆外观和内饰是否有损伤，若有损伤，进行登记记录，并告知车主进行签字确认（外观：车身油漆、车窗玻璃、轮毂轮胎等；内饰：仪表台、座椅、车门及电器开关等）。

二、座椅装饰注意事项

（1）拆卸和安装座椅时，座椅搬出或搬进应小心，避免划伤损坏内饰件。

（2）拆卸后排座椅时，认真阅读《客户使用手册》，规范拆卸后排座椅。

（3）安装真皮椅套时，用力均匀，避免撕裂椅套。

（4）严禁使用锐器安装椅套，防止皮面划伤、损坏。

（5）真皮椅套固定时，选用防锈卡扣，并均匀固定，松紧保持一致。

（6）使用热风枪时，严禁温度过高损坏皮面。

（7）移出或搬进座椅时，严禁触碰车门、A柱、B柱、迎宾踏板、手扶箱等内饰件。

三、座椅装饰操作流程

（一）汽车坐垫的安装流程

1. 内饰件检查

检查车内座椅、车门是否有损伤，并记录告知车主。

2. 座椅清洁

使用吸尘器对前、后排座椅进行吸尘（图2-4-22），并对特殊污渍喷洒万能泡沫清洗剂清洗座椅，用洁净的毛巾擦拭干净（图2-4-23）。

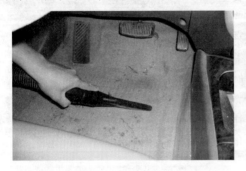
图2-4-22　内饰吸尘

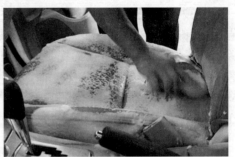
图2-4-23　清洗座椅

3. 坐垫安装

1) 前排坐垫的安装

（1）检查坐垫安装位置是否正确，取出所选坐垫，装入卡扣（图2-4-24）。

（2）把坐垫套入靠背，固定头枕，并调整好安装位置，如图2-4-25、图2-4-26所示。

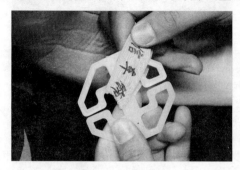
图2-4-24　安装卡扣

图2-4-25　安装靠背

（3）在靠背和座椅连接处平行装入卡扣，至卡扣完全到达另一面，并横向放置（图2-4-27）。

图2-4-26　安装头枕

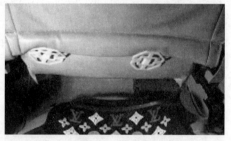
图2-4-27　卡扣放置

（4）调整坐垫，并使用挂钩固定座椅底部的沟槽内（图2-4-28）。

注意： 调整松紧带松紧程度，过松会造成坐垫来回移动，过紧会造成松紧带损坏。绕开座椅底部线路，防止损坏。

（5）卡扣和挂钩安装完毕后，检查并调整坐垫至合适位置即可（图2-4-29）。

图2-4-28　挂钩固定

图2-4-29　调整坐垫

2) 后排坐垫的安装

（1）用手向上掀开或者拉开开关或者拆除螺钉后，拆除后排座椅座位，把后排坐垫装入座椅座位中，调整至恰当安装位置，如图2-4-30、图2-4-31所示。

（后排坐垫有两种固定形式：一是松紧带捆绑式，二是卡扣固定式。松紧带捆绑式需拆装后排座椅，直接套入座椅；卡扣固定式直接安装即可，安装方法和前排座椅相同。）

图 2-4-30　拆卸座位

图 2-4-31　安装坐垫

（2）放倒后排座椅靠背。（后排座椅一般带有按钮或者螺钉或者钩扣式固定。钩扣式一般需要先拆除座椅座位，用一只手拖住靠背的下部，一只手扶住头枕部位，用力向上掀，脱离挂钩即拆除靠背。）

注意：一般在安装与拆卸坐垫时，不需要放倒后排座椅靠背。

（3）把坐垫靠背装入后排座椅的靠背上，并调整松紧带松紧度（图2-4-32）。

（4）按照拆卸方式装回座椅靠背和座椅座位（图2-4-33）。

图 2-4-32　调整后排坐垫

图 2-4-33　安装效果

4. 检查、清洁

检查座椅应安装牢固，坐垫安装应平整整洁，部位准确。

如果安装不到位需重新安装、调试，并清洁内饰件污渍。

（二）汽车座椅套的安装流程

汽车座椅套的安装相对于汽车坐垫的安装较为复杂，需耐心、安全安装。

1. 座椅清洁

使用吸尘器对前、后排座椅进行吸尘（图2-4-34），并对特殊污渍喷洒万能泡沫清洗剂清洗座椅，用洁净的毛巾擦拭干净。

2. 座椅套安装

1）前排座椅套的安装

（1）挑选分类前、后排座椅套。部分座椅套分前后左右，分清位置后再进行安装。

（2）拆卸前排座椅原车头枕（图2-4-35）。原车头枕一般采用按钮式较多，可以直接按下按钮取出头枕；部分车辆采用内藏式，需使用一字螺丝刀取出卡扣方可取出头枕，注意勿损坏内饰件。

图 2-4-34　内饰吸尘　　　　　　　　　　图 2-4-35　拆卸头枕

（3）把座椅套装入靠背，并调整好安装位置，使用自带粘贴带或松紧带固定，如图2-4-36、图2-4-37所示。

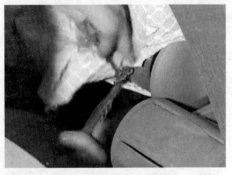

图 2-4-36　安装座椅靠背套　　　　　　　图 2-4-37　松紧带固定

（4）座椅套装入座位，调整位置，使用挂钩固定在座椅底端的沟槽内，或者自带粘贴带或松紧带直接调好松紧度粘贴，如图2-4-38、图2-4-39所示。

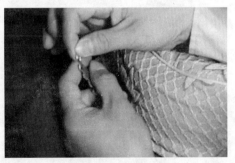

图 2-4-38　安装座位套　　　　　　　　　图 2-4-39　挂钩固定

注意： 调整松紧带松紧程度，过松会造成座椅套来回移动，过紧会造成松紧带损坏。绕开座椅底部线路，防止损坏。

（5）安装头枕套，并调整固定，装入原车座椅，如图2-4-40、图2-4-41所示。

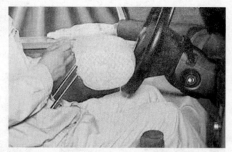

图 2-4-40　安装头枕套

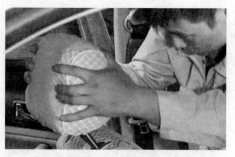

图 2-4-41　装回头枕

图 2-4-42　调整座椅

（6）检查并调整座椅套至合适位置即可，如图 2-4-42 所示。

2）后排座椅套的安装

（1）拆卸后排座椅座位。用手向上掀开或者拉开开关或者拆除螺钉后，拆除后排座椅座位，把后排座椅套装入座椅座位中，调整至恰当安装位置，如图 2-4-43、图 2-4-44 所示。

（2）拆卸后排靠背和头枕。拆卸后排靠背，并取出头枕，把靠背座椅套装入后排座椅的靠背上，并调整松紧带松紧度。装入头枕套，装回头枕，如图 2-4-45、图 2-4-46 所示。

图 2-4-43　安装头枕套

图 2-4-44　装回头枕

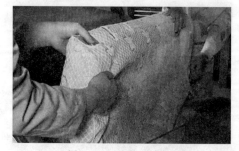

图 2-4-45　安装后排靠背套

图 2-4-46　安装头枕套

（3）按照拆卸顺序装回后排座椅靠背和座椅座位，并固定牢固，如图 2-4-47 所示。

3. 检查、清洁

检查座椅安装应牢固，座椅套安装位置应合适，平整整洁。

如果安装不到位需重新安装、调试，对内饰件污渍进行清洁。

(三)汽车座椅真皮更换

一般汽车座椅外套更换是由于座椅外套损坏或者布艺座椅更换真皮座椅。

(1)准备工具。世达108件工具1套,世达电工工具组套1套,专用钳子1把,热风枪1把,吸尘器1台,万能泡沫清洁剂2瓶,毛巾2条。

(2)拆卸前排座椅。把座椅向后移动,使用套筒松开座椅前2个螺栓,再向前移动,松开座椅后

图 2-4-47　安装后排座椅

面2个螺栓,并取出螺栓,再向后移动座椅,松开并取出前2个螺栓(图2-4-48)。把座椅靠背向前倾倒,使用毛巾或者棉布包住固定螺栓位置,把车门完全打开,移出座椅,如图2-4-49~图2-4-51所示。

注意: 座椅移出时,严禁触碰车门、A柱、B柱、迎宾踏板、扶手箱等内饰件。

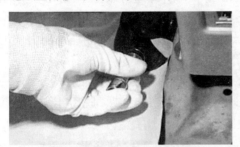

图 2-4-48　拆卸螺栓

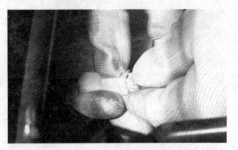

图 2-4-49　松开线束插头

图 2-4-50　毛巾防护

图 2-4-51　移出座椅

(3)拆卸后排座椅。

①后排座椅座位一般有三种拆装方式:按压式、锁扣式和螺栓式。

a. 按压式:找到座椅座位的固定点,双手向下按压,并迅速向上掀起即拆卸座椅座位(图2-4-52)。

b. 锁扣式:找到座椅座位的固定点,查找拉环,用手拉拉环,向上掀起即拆卸座椅座位(图2-4-53)。

c. 螺栓式:找到座椅座位的4个螺栓固定点,使用套筒松开螺栓并取出,即拆卸座椅座位(图2-4-54)。

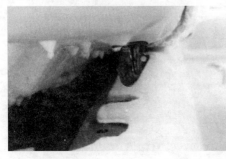

图 2-4-52　座椅固定卡扣

图 2-4-53 座椅拉环

图 2-4-54 螺栓固定

②后排座椅靠背一般有三种拆装方式：按钮式、螺栓式和钩扣式。

a.按钮式：直接按压按钮，直接放倒靠背，松开底部固定螺栓即拆卸座椅靠背（图2-4-55）。

b.螺栓式：找到座椅靠背的2个或者3个螺栓固定点，使用套筒松开螺栓并取出，用力向上抬起即拆卸座椅靠背（图2-4-56）。

c.钩扣式：用一只手拖住靠背的下部，一只手扶住头枕部位，用力向上掀，脱离挂钩即拆卸座椅靠背（图2-4-57）。

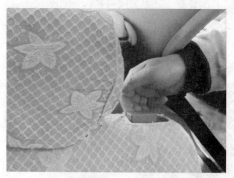

图 2-4-55 座椅按钮

图 2-4-56 固定螺栓

图 2-4-57 固定挂钩

（4）拆卸座椅周围护板。找到护板螺栓固定位置，使用螺栓刀卸开座椅周围护板（图2-4-58），并放置到指定位置。放置时，护板内部向下，防止划伤护板。

（5）拆卸座椅底部护罩。使用专用钳子把座椅底部护罩固定的卡扣拆除（图2-4-59），并存放到专用的储物盒内。

图 2-4-58 拆卸座椅护板

图 2-4-59 座椅底部护板

（6）拆卸座椅固定卡扣和座椅线束。使用卡扣专用工具，拆卸座椅底部的固定卡扣和座椅线束，并保存完好，如图2-4-60、图2-4-61所示。

图2-4-60　座椅线束　　　　　　　　图2-4-61　座椅底部卡扣

（7）拆卸座椅靠背卡扣。使用专用钳子松开座椅靠背卡扣，并存放到专用的储物盒内，如图2-4-62、图2-4-63所示。

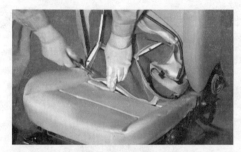

图2-4-62　座位套拆卸　　　　　　　　图2-4-63　靠背套拆卸

（8）卸除座椅靠背椅套。安全、细心地卸除座椅靠背椅套，如图2-4-64、图2-4-65所示。

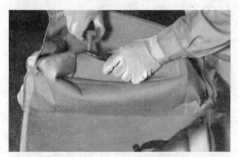

图2-4-64　拆卸头枕固定管　　　　　　图2-4-65　分离座椅套

（9）拆卸手扶箱套。

（10）座椅套模板制作下料。把拆卸下来的座椅套分块裁开，并根据原车座椅套模板进行真皮下料（图2-4-66）。裁料时，座椅的靠背和座位一般采用质量最好的牛背皮面，牛肚和牛脖部位的皮料则用于座椅的裙部或其他不易接触的部位。

（11）缝制真皮座椅套。使用缝纫机缝制已经裁

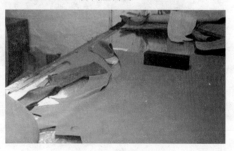

图2-4-66　裁剪座椅套

好的皮料（图2-4-67）。要求缝制一次性完成，并横平竖直，保证美观无针孔。

（12）真皮靠背座椅套套入原车靠背。把真皮靠背座椅套套入原车靠背，并调试合适位置拉平，如图2-4-68所示。

图2-4-67　缝制座椅套

图2-4-68　安装真皮靠背

（13）固定真皮靠背。使用专用钳子安全、细心地把卡扣穿过座椅靠背钢条部分和真皮椅套胶管，并夹紧卡住真皮椅套固定在座椅靠背上，完成座椅靠背安装，如图2-4-69、图2-4-70所示。

图2-4-69　安装靠背固定卡扣

图2-4-70　安装靠背底部固定卡扣

（14）固定真皮座位。固定方法同上，如图2-4-71、图2-4-72所示。

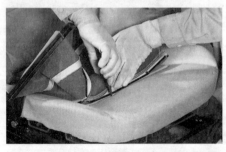
图2-4-71　安装座位固定卡扣

图2-4-72　安装座位底部固定卡扣

（15）安装座椅固定支架。使用钳子把卡扣固定到座椅规定位置即可，如图2-4-73所示。

（16）安装头枕。把真皮头枕套装入头枕，调整头枕套至规定位置，如图2-4-74、图2-4-75所示。

（17）安装更换手扶箱真皮套，并按标准规范装回原位。

（18）真皮座椅除皱。使用热风枪加热真皮座椅，铺平真皮椅套皱褶部位，如图2-4-76所示。

（19）安装座椅底部护罩和周围护板。按照拆卸的方法装回座椅底部护罩和周围护板，并检查调试复位，如图2-4-77所示。

图 2-4-73　安装座椅底部卡扣

图 2-4-74　拆卸头枕套

图 2-4-75　安装真皮头枕套

图 2-4-76　热风枪除皱

图 2-4-77　安装座椅护板

（20）安装后排座椅靠背、储物箱和座椅。

（21）安装紧固前排座椅和后排座椅，如图2-4-78、图2-4-79所示。（注意：根据汽车维修手册，按规定力矩紧固螺栓。）

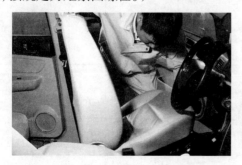

图 2-4-78　调整安装位置

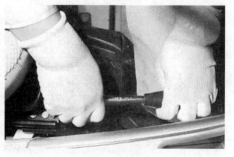

图 2-4-79　紧固座椅

（22）检查。严格检查座椅安装螺栓紧固，座椅附件安装到位，座椅干净整洁。

(23)6S 管理。

①在操作过程中,做到工具随用随拿,保持干净。

②场地卫生保持干净、整洁。

1. 写出真皮与人造革的区别。

2. 当座椅出现老化、褪色时,写出修复方法和流程。

汽车坐垫安装操作考核评价见表2-4-1。

汽车坐垫安装操作考核评价表　　　　　　　　　　表2-4-1

班级：　　班　第　　组　小组成员：　　　　　　　日期：　　年　月　日

序号	考核内容	考核要点	分数	学生自评	小组评价	教师评价	备注
1	劳保穿戴	(1)未穿工作服扣3分 (2)未穿劳保鞋扣3分	6				
2	团队意识	(1)不能相互协助扣5分 (2)不能顾全大局扣5分	10				
3	汽车坐垫安装准备工作	(1)未检查车身外观和内饰件损伤扣2分 (2)检查未做记录扣2分 (3)吸尘器、毛刷等准备不齐全扣2分 (4)万能泡沫清洗剂、毛巾等准备不齐全扣2分	8				
4	汽车坐垫安装实施操作	(1)未清洗车辆扣2分 (2)未使用吸尘器吸尘扣2分 (3)座椅上的灰尘未吸干扣2分 (4)未使用万能泡沫清洗剂清洗座椅扣2分 (5)使用万能泡沫清洗剂清洗座椅,清洗不干净每座椅扣1分 (6)毛巾擦拭过程中,未清洗扣2分 (7)坐垫安装位置不准确扣2分 (8)卡扣未横向放置,每卡扣1分 (9)规范拆卸后排座椅,不规范扣3分 (10)坐垫安装标准,反装扣2分 (11)坐垫安装完毕后,内饰件未清洁扣2分	30				
5	汽车坐垫安装检查结果	(1)坐垫表面破损,每处扣2分 (2)坐垫表面掉毛,每座垫扣2分 (3)坐垫卡扣滑脱,每座椅扣2分 (4)坐垫左右、前后容易串动扣2分 (5)坐垫皮筋损坏,每个扣1分	26				
6	现场整理	(1)现场工具、用品使用凌乱扣5分 (2)现场整洁有序,符合6S标准,不符合扣5分	10				
7	安全规范	现场出现违规、危险操作安全隐患扣10分	10				

续上表

序号	考核内容	考核要点	分数	学生自评	小组评价	教师评价	备注
8		总 分	100				30%+30%+40%=实际得分
9	小组组长签字：		教师签字：				实际得分：

汽车座椅套安装操作考核评价见表2-4-2。

汽车座椅套安装操作考核评价表　　　　　表2-4-2

班级：　　　班第　　　组　　小组成员：　　　　　　　日期：　　年　月　日

序号	考核内容	考核要点	分数	学生自评	小组评价	教师评价	备注
1	劳保穿戴	（1）未穿工作服扣3分 （2）未穿劳保鞋扣3分	6				
2	团队意识	（1）不能相互协助扣5分 （2）不能顾全大局扣5分	10				
3	座椅套安装准备工作	（1）未检查车身外观和内饰件损伤扣2分 （2）检查未做记录扣2分 （3）吸尘器、毛刷等准备不齐全扣2分 （4）万能泡沫清洗剂、毛巾等准备不齐全扣2分	8				
4	座椅套安装实施操作	（1）未清洗车辆扣2分 （2）未使用吸尘器吸尘扣2分 （3）座椅上的灰尘未吸干净扣2分 （4）未使用万能泡沫清洗剂清洗座椅扣2分 （5）使用万能泡沫清洗剂清洗座椅，清洗不干净每座椅扣1分 （6）毛巾擦拭过程中，未清洗扣2分 （7）不安全、规范取出头枕扣2分 （8）安装座椅套位置不准确扣3分 （9）不调整座椅套扣2分 （10）规范拆卸后排座椅，不规范扣3分 （11）后排座椅套反装扣3分	30				
5	座椅套安装检查结果	（1）座椅套表面破损，每处扣2分 （2）座椅套安装位置不准确扣2分 （3）座椅套安装不平整扣2分 （4）座椅套左右、前后容易串动，每座椅扣2分 （5）座椅套固定绳子或皮筋损坏，每根扣1分	26				
6	现场整理	（1）现场工具、用品使用凌乱扣2分 （2）喷枪未清洁扣3分 （3）抛光完毕后现场整洁有序，符合6S标准，不符合扣5分	10				
7	安全规范	现场出现违规、危险操作安全隐患扣10分	10				
8		总 分	100				30%+30%+40%=实际得分
9	小组组长签字：		教师签字：				实际得分：

更换真皮座椅操作考核评价见表2-4-3。

更换真皮座椅操作考核评价表 表2-4-3

班级：　　　班第　　　组　小组成员：　　　　　　　　日期：　　年　月　日

序号	考核内容	考　核　要　点	分数	学生自评	小组评价	教师评价	备注
1	劳保穿戴	（1）未穿工作服扣3分 （2）未戴棉纱手套扣2分 （3）未穿劳保鞋扣3分	8				
2	团队意识	（1）不能相互协助扣5分 （2）不能顾全大局扣5分	10				
3	更换真皮座椅准备工作	（1）未检查车身外观和内饰件损伤扣2分 （2）检查未做记录扣2分 （3）工具准备不齐全，每少一种扣1分 （4）万能泡沫清洗剂、毛巾等准备不齐全扣2分	8				
4	更换真皮座椅实施操作	（1）未清洗车辆扣2分 （2）未查看《维修手册》扣2分 （3）未按规定安全拆卸前、后排座椅扣1分 （4）未使用棉布或毛巾包扎螺栓固定座椅部位，每座椅扣1分 （5）移出座椅时，刮伤内饰件，每处扣1分 （6）拆卸前后排座椅，出现伤人、螺栓损坏扣2分 （7）未拆卸座椅周围护板扣1分 （8）未拆卸座椅底部护罩扣1分 （9）未拆卸座椅固定卡扣和座椅线束扣1分 （10）未拆卸座椅靠背卡扣扣1分 （11）螺栓和卡扣未存放专用盒内扣2分 （12）不按规定拆卸手扶箱套扣1分 （13）未按原车座椅套裁剪下料扣2分 （14）安全、规范缝制真皮座椅套，危险操作扣2分 （15）未按照规定位置安装固定真皮套扣1分 （16）安装真皮头枕套，装反扣1分 （17）未按要求安装手扶箱真皮套扣1分 （18）未使用热风枪加热除皱扣2分 （19）未按要求装回护板扣1分 （20）安装完毕后，螺栓多出，每多一个扣1分 （21）搬进座椅时，内饰件划伤，每处扣1分 （22）未使用扭力扳手紧固座椅螺栓扣1分 （23）螺栓未按规定力矩紧固扣1分 （24）未清洁座椅扣2分	34				
5	座椅套安装检查结果	（1）真皮座椅表面未清洁干净每处扣1分 （2）真皮座椅表面有划伤，每处扣1分 （3）真皮座椅表面有烫伤，每处扣1分 （4）真皮座椅表面有皱褶，每处扣1分 （5）真皮座椅套未盖住内部海绵扣2分 （6）卡扣固定位置凹陷不均匀，每座椅扣1分 （7）座椅附件安装不到位扣2分	20				
6	现场整理	（1）现场工具、用品使用凌乱扣5分 （2）现场整洁有序，符合6S标准，不符合扣5分	10				

续上表

序号	考核内容	考核要点	分数	学生自评	小组评价	教师评价	备注
7	安全规范	现场出现违规、危险操作安全隐患扣10分	10				
8		总　分	100				30%+30%+40%=实际得分
9	小组组长签字：		教师签字：				实际得分：

第五章　车内饰品及香品装饰

学习目标

- 掌握车内饰品选用原则；
- 能够规范安装各种类型饰品；
- 会安全手工缝制转向盘套；
- 能够规范操作犀牛皮和彩贴粘贴。

第一节　车内饰品装饰

一、车内饰品选用原则

1. 协调原则

车内饰品的颜色必须和汽车内饰的颜色相协调。杂乱的颜色会使人眼花缭乱，精神出现浮躁，还会影响整体的美观效果。

2. 实用原则

选择饰品时，要充分体现精巧、美观饰物的同时，还要讲究饰品的实用性和品质保证。

3. 安全原则

纷杂的汽车饰品会分散驾驶人的注意力，同时车内饰品在安放的时候要放置在合理位置，必须安放牢固。

二、车内饰品

车内饰品名称及使用见表2-5-1。

车内饰品名称及使用　　　　　　　　　　　表2-5-1

名称	图示	使用
挂饰	 	挂于车顶的装饰
贴饰	 	贴在车上的装饰

续上表

名称	图 示	使 用
摆饰		摆在车内的饰品,多有吉祥寓意
防滑垫		用于放置手机、香水等饰品
汽车眼镜架		用于放置车主眼镜
饮料手机架		用于放置饮料或者手机
多功能收纳盒(汽车多功能收纳袋)		用于存放手机、眼镜、水杯等多种物品
汽车转向盘套		在转向盘上安装上高档牛皮制作的转向盘套可以防滑。高档牛皮透气性能良好,富有弹性,握感好,吸汗性强
纸巾盒		用于摆放餐巾纸
安全带套		提高安全带捆绑舒适感

续上表

名称	图示	使用
操纵杆套	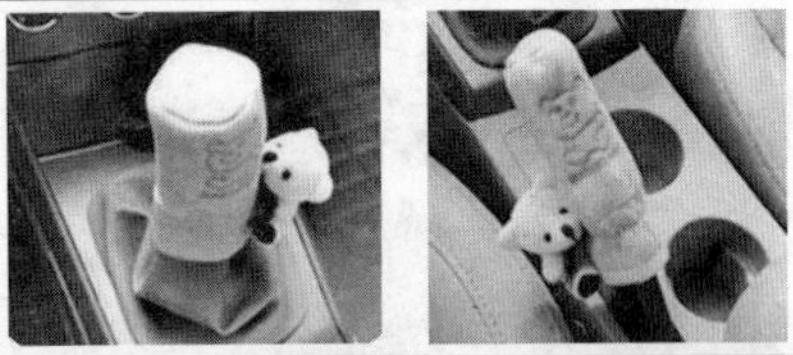	提供良好的手握舒适感
静电放电器	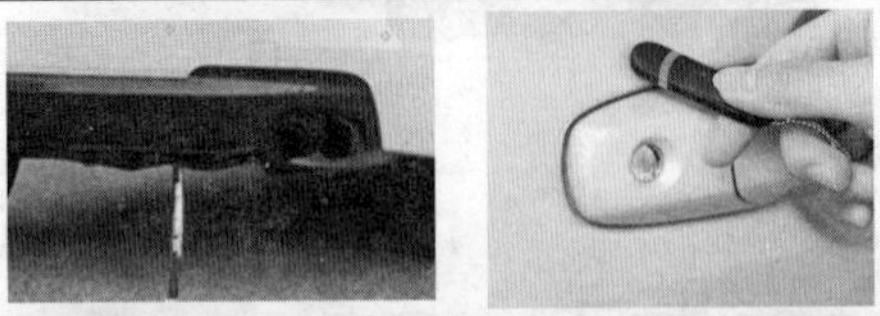	防止汽车产生静电,也可以使用静电放电器放掉静电
脚垫	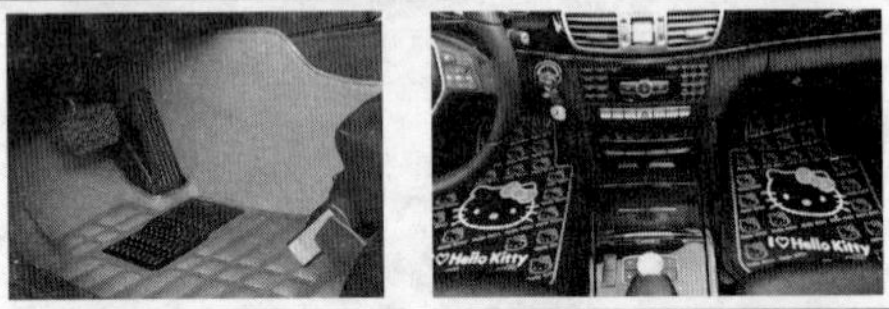	保持车内干净、整洁,便于车内清洁
犀牛皮	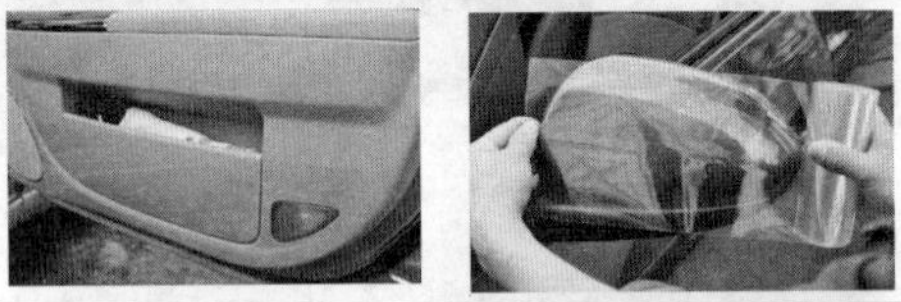	具有防划耐磨、隔绝腐蚀的长期保护作用
车载空气净化器	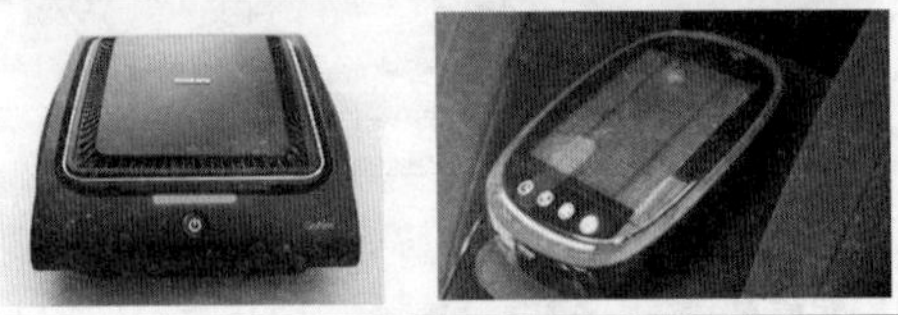	去除车内有毒气体,释放氧气
车载电热杯	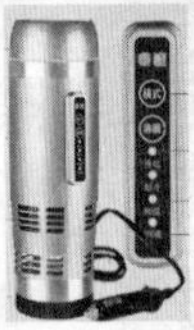	为司乘人员提供热饮水
车载充电器		用于手机、计算机、相机等用电设备充电
车载气泵	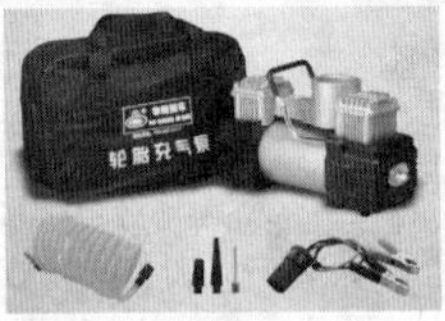	用于汽车轮胎充气,保证汽车轮胎安全行驶
车载吸尘器	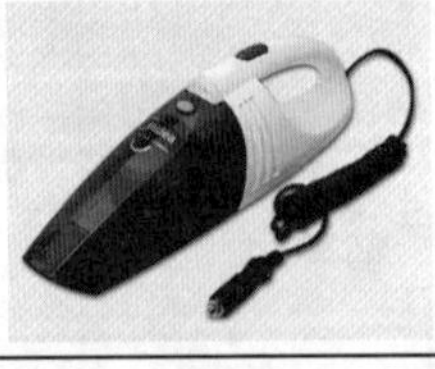	用于车厢内饰吸尘去污

第二节 车内香品装饰

一、汽车车用香品功用

（1）净化车内空气，清除车内异味，杀灭细菌，从而使车内空气清新。

（2）营造温馨舒适的乘车环境。车用香品可散发出怡人的芳香，使车内充满浪漫情趣。

（3）提高驾驶安全性，车用香品可使驾驶人保持清醒、心情愉快，从而减少事故的发生率，提高驾驶安全性。

二、汽车车用香品选择原则

（1）味道不要太浓烈，夏天香水散发快，热天可选择清淡的气味，以免更具刺激性。

（2）冬季时，可选择提神醒目的香型。

（3）如果车内经常开空调，需要选用具有较强挥发性的车用香品，以便及时有效地去除空调带来的异味。

三、汽车车用香品分类

车用香品见表2-5-2。

车用香品　　　　　　　　　　　　　　　表2-5-2

序号	类型	图示	使用
1	气雾型		气雾型香水主要由香精或溶剂组成，可分为干雾型、湿雾型等。香水里的除臭剂可以覆盖车内某些异味，比如行李舱味、烟草味、鱼腥味和小动物体味等，但挥发速度极快
2	液体型		液体型香水由香精与挥发性溶剂混合而成。香水的香味浓厚，持续时间久、散发慢，常盛放在各种具有艺术造型的容器中。液体型香水可用2～3个月，需重新补充液体香水
3	固体型		固体型香膏由香精与一些材料混合，然后加压成型，可用2个月左右。它具有香味清淡、使用周期长、无须补充等特点，也是车内常用香品

四、汽车车用香品的使用方式

1. 汽车车用香品使用注意事项

（1）长期暴晒车用香品，会造成香水过快挥发，减短香水使用时间。

（2）香水和摆饰严禁安放在安全气囊附近，防止发生人员伤亡、财产损失。

（3）仪表板安放香品时，严禁影响驾驶人视线。

（4）香水不慎溢出时，请立刻用清水擦拭干净，以免腐蚀仪表板或皮革类物品。

（5）使用劣质香水，挥发快，香味刺鼻，甚至会造成恶心、头晕等症状。

2. 香品固定方式

摆放香品时，使用专用防滑垫固定香品座，要尽量保持香水座平稳水平摆放在仪表台上，切勿过于倾斜或者倒置，否则香水溢出损伤中控台。

悬挂香品时，常安装在空调出风口处或者室内后视镜处悬挂，切勿使用长绳悬挂于室内后视镜，否则容易伤人或前风窗玻璃破裂。

第三节　车内饰品装饰流程

一、施工前的准备工作

1. 工作人员准备

穿戴工作服、劳保鞋。

2. 场地准备

电源、灯光、工作台。

3. 车辆检查

（1）车辆停放到汽车清洗工位合适位置，拉起驻车制动器操纵杆、复位挡位、车辆熄火，拔出点火钥匙。

（2）检查车辆外观和内饰是否有损伤，若有损伤，进行登记记录，并告知车主进行签字确认（外观：车身油漆、车窗玻璃、轮毂轮胎等；内饰：仪表台、座椅、车门及电器开关等）。

二、车内饰品装饰注意事项

（1）缝制线力度过大或过猛拉紧，会损坏转向盘套预留孔。

（2）通用型转向盘套缝制完成后，部分车型可以把转向盘套使用四方刮板塞入转向盘内。

（3）使用热风枪时，温度过高或者长时间烘烤，会损坏转向盘套。

（4）使用双面胶固定转向盘套，会损坏原装转向盘。

（5）粘贴犀牛皮时，严禁手指接触胶面，以防降低黏性。

（6）精裁犀牛皮时，使用壁纸刀轻轻划出，避免用力过重，损伤内饰件和车身油漆。

三、车内饰品装饰操作流程

（一）手工缝制转向盘套

1. 清洁

使用万能泡沫清洁剂喷洒转向盘，待泡沫消融时，用洗净的毛巾擦拭干净，并自然晾干，如图2-5-1所示。

2. 安装

把选好的转向盘套安装于转向盘上，并调整至合适位置（图2-5-2）。转向盘套缝线接口对准转向盘下端中心位置。

图 2-5-1　清洁转向盘

图 2-5-2　安装转向盘套

3. 缝制

手工缝制转向盘套分为通用型和专用型。

转向盘的缝制方法有三种：单针缝制法、双针缝制法和网式缝制法。

（1）单针缝制法分两种（图2-5-3、图2-5-4）：即一根针线平行式或者内外交叉式缝制转向盘套。

图 2-5-3　平行式缝制法

图 2-5-4　内外交叉式缝制法

先从转向盘的最下端由内向外穿针，从外向另一面的外面向内穿针，并在内部打结，遵照此方法直至缝制完成。

（2）双针缝制法（图2-5-5）：即一根线和两根针交叉式缝制转向盘套。

先把线穿入两根针，在转向盘的最下端由内向外穿入转向盘套的预留孔内，两根针相互交叉由内向外穿针，并拉紧已穿针线，直至缝制完成。

（3）网式缝制法（图2-5-6）：即一根针线穿入预先缝制好的线中，来回穿线拉紧。

先固定针线至转向盘套内部，再由缝制针穿入预先缝制好的线中，并来回交替穿入拉紧，直至缝制完成。

4. 修饰

使用热风枪（调整温度200~300℃）对转向盘套皱褶部位进行烘烤铺平，如图2-5-7所示。

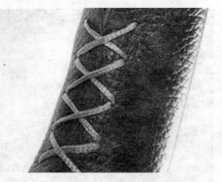
图 2-5-5 双针交叉式缝制法

图 2-5-6 网式缝制法

5. 清洁检查

缝制好的转向盘套使用清洗好的毛巾擦拭干净，检查缝制是否松动或者错孔缝制，如果存在缺陷需重新进行缝制，如图 2-5-8 所示。

图 2-5-7 烘烤皱褶部位

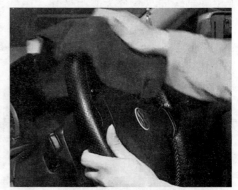
图 2-5-8 清洁检查转向盘

6. 6S 管理

（1）在操作过程中，做到工具随用随拿，保持干净。

（2）场地卫生保持干净、整洁。

（二）犀牛皮粘贴

1. 犀牛皮粘贴位置

犀牛皮粘贴位置如图 2-5-9、图 2-5-10 所示。

图 2-5-9 车身粘贴位置

图 2-5-10　室内粘贴位置

2. 测量尺寸

使用盒尺或者钢直尺测量出尺寸,也可以使用报纸裁出模板,如图 2-5-11 所示。

3. 裁剪

根据测量尺寸或模板,使用壁纸刀或者剪刀裁出犀牛皮,如图 2-5-12 所示。

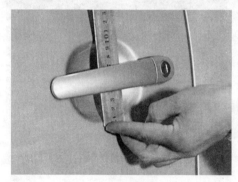
图 2-5-11　测量尺寸

图 2-5-12　裁剪犀牛皮

4. 清洁

喷洒酒精或者清洁剂使用毛巾清洗预粘贴部位,如图 2-5-13 所示。

5. 粘贴

清洁部位干燥后,撕开犀牛皮保护膜,粘贴于预保护部位,使用热风枪(温度200℃左右)对皱褶部位进行烘烤,当犀牛皮收缩后,使用四方刮板刮平,如图 2-5-14、图 2-5-15 所示。

6. 精剪

使用壁纸刀去除多余部位。严禁壁纸刀划伤内饰件或漆面,如图 2-5-16 所示。

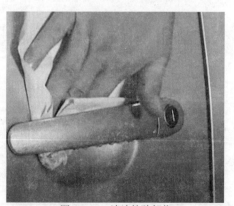
图 2-5-13　清洁粘贴部位

7. 检查

对犀牛皮粘贴部位进行检查,要求无气泡、无变形、无翘边、无杂质,如图 2-5-17 所示。

8. 6S 管理

(1)在操作过程中,做到工具随用随拿,保持干净。

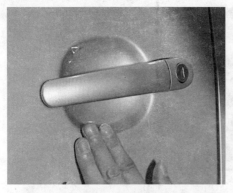

图 2-5-14　犀牛皮粘贴

图 2-5-15　烘烤犀牛皮

图 2-5-16　精确裁剪

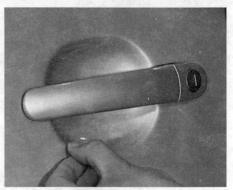

图 2-5-17　犀牛皮检查

（2）场地卫生保持干净、整洁。

1. 写出犀牛皮粘贴车身的操作流程。
2. 会安装易拆安装式转向盘套。
3. 会安装其他内饰饰品。

手缝转向盘套考核评价表2-5-3。

手缝转向盘套考核评价表　　　　　表2-5-3

班级： 班 第 组 小组成员：				日期： 年 月 日			
序号	考核内容	考 核 要 点	分数	学生自评	小组评价	教师评价	备注
1	劳保穿戴	（1）未穿工作服扣3分 （2）未穿劳保鞋扣3分	6				
2	团队意识	（1）不能相互协助扣5分 （2）不能顾全大局扣5分	10				

续上表

序号	考核内容	考核要点	分数	学生自评	小组评价	教师评价	备注
3	手缝转向盘套准备工作	（1）未准备热风枪扣2分 （2）未准备壁纸刀扣2分 （3）未准备四方刮板扣2分 （4）转向盘套缺线扣2分 （5）转向盘套缺针扣2分	10				
4	手缝转向盘套实施操作	（1）未检查车身外观和内饰件损伤扣2分 （2）检查未做记录扣2分 （3）转向盘未清洁扣2分 （4）转向盘套缝线接口未对准转向盘下端中心位置扣2分 （5）转向盘缝线未打结扣3分 （6）转向盘缝线按照同样的路线缝制，线路错乱扣3分 （7）缝线错误并改正，每次扣1分 （8）使用四方刮板把转向盘套压入转向盘内，未压入扣3分 （9）未使用热风枪烘烤皱褶扣2分 （10）缝制完毕后，未清洁转向盘套扣2分	28				
5	手缝转向盘套检查结果	（1）转向盘套未清洁干净，每处扣1分 （2）转向盘套皱褶，每处扣1分 （3）转向盘套烘烤变色，每处扣1分 （4）转向盘套缝制线路不均匀扣2分 （5）转向盘套缝制孔遗漏，每孔扣1分 （6）转向盘套缝制线松扣2分 （7）转向盘三幅部位，皮套过松扣2分 （8）转向盘套缝制结尾漏打结扣2分	26				
6	现场整理	（1）现场工具、用品使用凌乱扣5分 （2）现场整洁有序，符合6S标准，不符合扣5分	10				
7	安全规范	现场出现违规、危险操作安全隐患扣10分	10				
8		总　分	100				30%+30%+40%=实际得分
9	小组组长签字：	教师签字：					实际得分：

犀牛皮粘贴操作考核评价见表2-5-4。

犀牛皮粘贴操作考核评价表　　　　　　　　　　　　　　表2-5-4

班级：　　　班第　　组　小组成员：　　　　　　　　日期：　　年　月　日

序号	考核内容	考核要点	分数	学生自评	小组评价	教师评价	备注
1	劳保穿戴	（1）未穿工作服扣3分 （2）未穿劳保鞋扣3分	6				
2	团队意识	（1）不能相互协助扣5分 （2）不能顾全大局扣5分	10				

续上表

序号	考核内容	考核要点	分数	学生自评	小组评价	教师评价	备注
3	犀牛皮粘贴准备工作	（1）工具准备不齐全，每少一种扣1分 （2）不检查和试用四方刮板扣2分 （3）犀牛皮不检查扣2分	8				
4	犀牛皮粘贴实施操作	（1）未检查车身外观和内饰件损伤扣2分 （2）检查未做记录扣2分 （3）清洗车辆，内、外饰不干净，每处扣1分 （4）未测量预贴部位的尺寸扣2分 （5）犀牛皮裁小扣2分 （6）未使用酒精清洁预粘贴部位，每处扣2分 （7）预粘贴部位未自然晾干扣2分 （8）犀牛皮与预粘贴部位未比试扣2分 （9）手指接触粘胶层扣1分 （10）剥离背纸时，胶面落地粘尘扣2分 （11）粘贴位置不准确扣2分 （12）犀牛皮拉伸延长扣2分 （13）未使用四方刮板赶出气泡及水分扣2分 （14）未使用热风枪烘烤扣2分 （15）热风枪加热使犀牛皮变形损坏扣3分 （16）壁纸刀划伤内饰件扣2分	36				
5	犀牛皮粘贴检查结果	（1）犀牛皮粘贴完成后，表面未清洁干净每处扣1分 （2）犀牛皮表面有划痕，每处扣1分 （3）犀牛皮内部有沙尘，每处扣1分 （4）犀牛皮表面有皱褶，每处扣1分 （5）犀牛皮表面延伸变形，每处扣2分 （6）犀牛皮边缘有翘起，每处扣1分 （7）犀牛皮表面有气泡，超过5个，每多一个扣1分	20				
6	现场整理	（1）现场工具、用品使用凌乱扣5分 （2）现场整洁有序、符合6S标准，不符合扣5分	10				
7	安全规范	现场出现违规、危险操作安全隐患扣10分	10				
8		总　　分	100				30%+30%+40%=实际得分
9	小组组长签字：	教师签字：					实际得分：

第六章　汽车底盘装甲

学习目标
- 能够规范使用工具、设备及常规维护；
- 会清洗汽车底盘；
- 会安全、规范喷涂底盘装甲剂。

第一节　汽车底盘装甲工具

一、设备

底盘装甲设备及使用见表2-6-1。

底盘装甲设备及使用　　　　　　　表2-6-1

设备名称	图　示	使　用
意大利奥斯卡高温高压清洗机（简称蒸汽清洗机）		（1）准备：在使用之前，应先向燃油箱和水箱内注入柴油和自来水，检查各紧固件及各管路接头是否有松动，电源线路是否正常 （2）运转：连接电源插座，打开电源总开关，再打开加热开关。无须调整压力，待温度达到120℃，压力达到预定值即可工作（一般压力不能超过0.8MPa） （3）调节：工作时可根据汽车的不同部位和需清洗的不同程度调节合适的状态，即蒸汽和水蒸气。蒸汽用于内饰清洁、消毒、杀菌，水蒸气用于车身外观清洗和汽车底盘清洗 注意事项： （1）禁止枪头指对人身，并佩戴手套操作水枪，以免防止烫伤 （2）加注柴油和自来水前，必须认清标志，防止加错油、水箱 （3）蒸汽清洗机使用前必须加柴油及自来水，严禁干烧损坏设备 （4）所用电源必须符合要求，必须安全接地，并安装漏电保护装置，确保用电安全 （5）汽车内饰消毒时，严禁枪头对准电气元件，防止电线短路及损坏电气元件
两柱式举升机		（1）连接电源开关，确认电源和电线正常 （2）将车辆停放在两柱式举升机工位上 （3）调整车辆位置，将举升机的支点对正车辆举升承重点位置 （4）举升车辆至车身向上移动，停止举升，检查确认支点位置可靠 （5）举升车辆至预想高度，并向下移动，锁住锁止保险 （6）降下举升车辆：先升高车辆，打开左右立柱锁止保险，降下车辆，移开支点，关闭电源

续上表

设备名称	图示	使用
空气压缩机（气泵）		（1）起动：在安装和准备工作结束后，打开出气阀和放水阀，让空气压缩机无负荷起动 （2）空转：在压缩工作开始前，先无负荷空转5min以上 （3）升压运行。关闭出气阀和放水阀，使气压上升到额定工作压力，进入正常运行 （4）检查有无异常响声和振动，管路连接有无泄漏，否则应停机排除故障 （5）如用气设备用气量不足，储气罐内气压升高至额定工作压力时，气压开关即自动切断电源使空气压缩机停止工作。当压力下降0.2~0.3MPa时，气压开关自动复位，空气压缩机照常供气 （6）停机后，待气压降至0.3MPa以下时，打开放水阀，带压排除储气罐内污水、残气 备注：由于空气压缩机的种类型号不同，请按照说明书保养维护

二、材料

底盘装甲材料及使用见表2-6-2。

底盘装甲材料及使用　　　　　　　　　　表2-6-2

材料名称	图示	使用
底盘装甲喷枪		该枪金属壳体，属于通用型汽车底盘装甲专用喷枪，配合空气压缩机使用，用于喷涂汽车底盘装甲剂
底盘装甲剂		具有持久的附着力和抗撞击性能，有效防止生锈，具有优良的弹性，帮助降低噪声和防止撞击；固化成分高，涂层厚，施工方便，广泛用于汽车底盘及工业领域
底盘清洗剂		（1）彻底摇匀清洗剂 （2）距离物体15cm均匀喷洒到部件上 （3）使用刷子进行刷拭 （4）使用清水冲净清洗剂污渍即可
毛巾		超细纤维毛巾表面性状为均匀、紧凑、柔软、高弹的细微绒团，有极强的去污、吸水性能。对被擦拭表面无丝毫损伤，不产生棉织物常见的纤毛脱落，易洗、耐用，与传统的纯棉毛巾比较，超细纤维毛巾主要有六大特点：高吸水性、强去污力、不脱毛、长寿命、易清洗、不掉色 用于汽车底盘清洗过后的清洁、吸水
遮蔽保护膜		汽车底盘零部件遮盖一般采用遮蔽保护膜或者报纸进行作业 汽车遮蔽保护膜具有：防水、耐高温、粘接性能优良；节约成本、使用方便；对金属、塑料、地板等粘接体有优良的粘接性能
砂纸		用于汽车底盘生锈部位的清理作业。根据底盘生锈情况选择型号适合的砂纸，建议使用320号砂纸

续上表

材料名称	图示	使用
遮蔽胶带	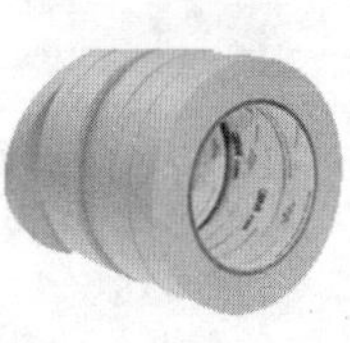	用于汽车底盘零部件遮盖作业 遮蔽胶带具有：固定能力——使用很小压力胶带也能按照您的想法粘固在工件上；容易撕断——胶带很容易撕断，不会产生拖拉现象；抗溶剂——胶带背材能阻止溶剂渗透；抗剥离——油漆会紧紧的粘固在胶带背面的基材上；抗回缩——胶带能延曲线表面伸展不会出现回缩脱开现象
车衣		用于汽车车身遮盖保护
防护口罩	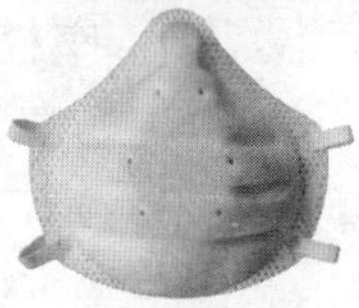	汽车底盘喷涂作业时佩戴，防止人体吸入有毒、有害气体及尘埃
橡胶手套	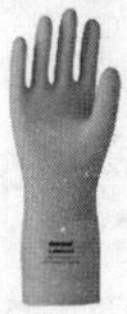	用于汽车底盘的清洗和装甲剂的喷涂作业，防护双手
防护服		用于汽车底盘的清洗和装甲剂的喷涂作业，保护身体
护目镜	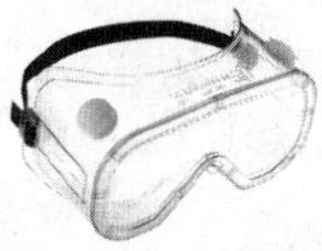	用于汽车底盘的清洗和装甲剂的喷涂作业，保护眼睛

第二节 汽车底盘装甲操作流程

汽车在行驶过程中，路面上的砂石会对汽车底盘造成冲击，造成汽车底盘损伤，损伤后的底盘与空气、雨雪接触，由于雨水当中含有酸液，冬天的除雪剂含有盐分，促使损伤部位生锈、腐蚀，严重影响汽车的使用寿命及行车安全。

汽车底盘装甲的作用

（1）抗石击——底盘装甲可以有效防护路面砂石对底盘的击打，防止轻微的拖底摩擦。

（2）防腐蚀——预防酸、碱、盐对底盘钢板的腐蚀。

（3）降噪声——降低行驶时噪声的传导，增加驾驶宁静感。

（4）防松脱——防止底盘螺栓松脱。

（5）隔热——阻止底盘钢板热传导，使驾驶室内冬暖夏凉。

（6）防拖底——底盘上的装甲剂厚度可达1.5~2.5mm，当底部被路面凸起刮蹭时，将减轻对底盘的伤害。

一、施工前的准备工作

1. 工作人员准备
穿戴防护服、护目镜、防护口罩、橡胶手套、劳保鞋。

2. 场地准备
电源、气源、灯光、材料、工具、设备。

3. 车辆检查
（1）车辆停放到汽车清洗工位合适位置，拉起驻车制动器操纵杆、复位挡位、车辆熄火，拔出点火钥匙。

（2）检查车辆外观和内饰是否有损伤，若有损伤，进行登记记录，并告知车主进行签字确认（外观：车身油漆、车窗玻璃、轮毂轮胎等；内饰：仪表台、座椅、车门及电器开关等）。

（3）检查车辆的门窗玻璃和天窗关闭情况，未关闭，打开点火开关关闭车窗。

二、汽车底盘装甲注意事项

（1）使用汽车高压清洗机将喷涂部位彻底清洗干净，如果旧车有锈、脱皮，则需要清理铲除。清理时用钢丝刷或砂纸磨至露出金属原色为止，达到无水、无尘、无蜡迹。

（2）施工时，要仔细清除底盘的油污，使用专用清洗剂彻底去除油污。

（3）严禁喷涂发动机、变速器、排气管、制动片等零部件，防止高温造成车辆失火。

（4）遮盖底盘部位的螺钉等可活动类配件，防止拆卸困难。

（5）充分摇均匀底盘装甲剂，防止沉淀造成喷枪堵塞，喷涂不匀。

（6）防止喷涂过多导致流挂，禁止一次性喷涂过厚。

（7）喷涂完毕后，严禁底盘沾水，自然干燥24h后方可正常使用。

（8）喷涂完成后，及时清洗喷枪，以免装甲剂干燥固化。

三、汽车底盘装甲施工流程

汽车底盘装甲根据施工操作流程可分为：清洗车辆外观、举升车辆、清洗底盘、底盘干燥、遮盖零部件、底盘喷涂、清除遮盖、检验底盘、6S管理八个步骤。

1. 清洗车辆外观

将施工车辆开进洗车房进行全车清洗（图2-6-1）。重点冲去汽车底盘下部、轮胎上方等部位的大块泥沙、污渍，擦洗泡沫并冲净泡沫，擦干车辆外部及门边水分。

图2-6-1　车身清洗

2. 举升车辆

（1）将车辆停放在指定底盘装甲工位，如图2-6-2所示。

（2）调整举升机悬臂至正确放置，如图2-6-3所示。

图2-6-2 停放车辆

图2-6-3 调整托举部位

（3）用车轮专用工具将车轮卸下（图2-6-4），并按规定放在指定位置；使用专用工具拆除挡泥板、轮胎上方的内衬及排气管隔热板；排气管中段和尾段方便拆卸，可拆卸进行施工。

（4）检查托举部位无移位，举升车辆至要求高度，如图2-6-5所示。

提示：举升车辆时，严禁车头、车底、车尾站人。

图2-6-4 拆卸车轮

图2-6-5 举升车辆

3. 清洗底盘

（1）使用高压清洗机或者蒸汽清洗机彻底清洗底盘和四轮内衬，如图2-6-6、图2-6-7所示。

图2-6-6 清洗底盘

图2-6-7 清洗四轮内衬

（2）底盘油污部位使用发动机清洗剂喷洒后，配合长把刷子进行刷拭清洁，彻底清除油污，如图2-6-8、图2-6-9所示。

图2-6-8 喷洒发动机清洗剂

图2-6-9 刷拭底盘

（3）底盘生锈部位使用砂纸清除铁锈（图2-6-10），底盘起皮、脱落的涂层使用铲刀铲去，确保底盘无尘土、无油污、无锈迹。

4. 底盘干燥

（1）使用专用毛巾进行底盘擦拭，擦干底盘水分，如图2-6-11所示。

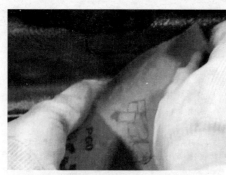
图2-6-10 清除铁锈

图2-6-11 擦拭底盘

（2）使用吹风枪吹干底盘缝隙的水分，擦干水分，保证底盘干燥无水，如图2-6-12所示。

5. 遮盖零部件

（1）选择合适的车衣按规定操作将车衣覆盖在车体表面，如图2-6-13所示。

图2-6-12 底盘吹水

图2-6-13 车衣遮盖

（2）使用专用遮蔽保护膜将车辆底裙四周严实遮盖，包裹传动轴、制动盘、减振器，如图2-6-14所示。

（3）使用专用遮蔽保护膜或报纸遮盖排气管，如图2-6-15所示。

图2-6-14 包裹制动盘

图2-6-15 包裹排气管

（4）使用纸胶带遮盖底盘部位的所有螺栓及油管，如图2-6-16、图2-6-17所示。

图2-6-16 遮盖螺栓

图2-6-17 遮盖油管

6. 底盘喷涂

（1）个人防护：穿戴防护服、防护帽、护目镜、防护口罩、胶手套、安全鞋等，如图2-6-18所示。

（2）摇动装甲剂至均匀混合，如图2-6-19所示。

（3）调整装甲喷枪压力保持在2.5~4Pa，打开底盘装甲剂容器罐盖子，拉开内环，去除封口，把装甲喷枪旋在包装罐瓶口上，即可进行喷涂，如图2-6-20所示。

（4）喷涂操作时，装甲喷枪与施工部位保持25cm左右的距离，来回左右呈"+"字形均匀喷涂，建议喷涂3遍以上。每遍之间间隔15min，厚度保持在1.5mm以上才能保证它的隔声效果，如图2-6-21、图2-6-22所示。

图2-6-18 个人防护

图2-6-19 摇匀底盘装甲剂

图2-6-20 安装底盘装甲喷枪

图 2-6-21 喷涂装甲剂

图 2-6-22 交叉喷涂装甲剂

（5）喷涂完毕后，将底盘喷枪清洗干净，放回原处保管，收拾好工具等物品，如图 2-6-23 所示。

7. 清除遮盖

（1）喷涂完毕后，20min 左右，去除遮盖物（图 2-6-24）。如果在不应喷涂物体的漆面上有飞溅的装甲材料，可用毛巾沾少许酒精、汽油等擦洗干净。

图 2-6-23 清洁喷枪

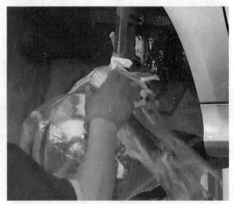
图 2-6-24 清理遮蔽膜

（2）安装挡泥板、轮胎上方的内衬及排气管隔热板，按照拆卸顺序进行安装，如图 2-6-25 所示。装回车轮，按要求力矩紧固车轮。保证安装质量，不得漏装螺栓、卡扣等紧固件，如图 2-6-26 所示。

图 2-6-25 安装排气管隔热板

图 2-6-26 安装车轮

（3）整理好施工区域卫生，收拾好工具并放回原位。

8. 检验底盘

检查底盘装甲剂喷涂均匀,无漏喷;遮蔽纸清除干净;零部件安装位置准确,紧固牢靠,如图2-6-27所示。

9. 6S管理

（1）在操作过程中,做到工具随用随拿,保持干净。

（2）场地卫生保持干净、整洁。

图2-6-27 检查底盘

1. 底盘装甲剂由哪些成分组成?
2. 汽车底盘装甲的最佳时机是什么?
3. 汽车底盘装甲还有哪种防护形式?请写出操作流程。

汽车底盘装甲操作考核评价见表2-6-3。

汽车底盘装甲操作考核评价表　　　　　　　　　表2-6-3

班级：　　　班　第　　　组　小组成员：　　　　　　日期：　　　年　月　日

序号	考核内容	考核要点	分数	学生自评	小组评价	教师评价	备注
1	劳保穿戴	（1）未穿戴防护服扣2分 （2）未戴防护口罩扣2分 （3）未戴橡胶手套扣2分 （4）未穿劳保鞋扣2分	8				
2	团队意识	（1）不能相互协助扣5分 （2）不能顾全大局扣5分	10				
3	底盘装甲准备工作	（1）设备准备不齐全,不调试扣2分 （2）工具不齐全扣2分 （3）所需用品不齐全,少一种扣1分	6				
4	底盘装甲实施操作	（1）未做全车检查、记录扣2分 （2）车身外观、底盘清洗不干净每处扣1分 （3）汽车底盘油污未清洁干净扣2分 （4）汽车底盘锈迹、脱皮未清洁干净每处扣2分 （5）车辆托举位置不正确扣3分 （6）举升机举升、降落不正确各扣2分 （7）车轮未拆卸扣2分 （8）车轮上方内衬未拆卸扣2分 （9）排气管隔热板未拆扣2分 （10）汽车底盘水分未吹干扣3分 （11）未遮盖车衣扣2分 （12）排气管、传动轴、制动盘、减振器未遮盖各扣1分	36				

续上表

序号	考核内容	考 核 要 点	分数	学生自评	小组评价	教师评价	备注
4	底盘装甲实施操作	（13）底盘装甲剂未摇匀扣1分 （14）喷涂压力过低扣1分 （15）底盘装甲枪喷涂距离不标准扣2分 （16）一次性喷涂过厚扣2分 （17）喷涂时间间隔过短扣2分 （18）遮盖物未清除干净每处扣0.5分 （19）拆卸零部件未按原位安装扣2分 （20）遗漏螺栓、卡扣每一个扣0.5分	36				
5	底盘装甲检查结果	（1）底盘装甲剂喷涂移漏，每处扣1分 （2）底盘装甲剂喷涂不均匀，每处扣1分 （3）喷涂后流挂扣2分 （4）纸胶带清洁不干净，每处扣0.5分 （5）拆装零部件螺栓松动，每处扣1分	20				
6	现场整理	（1）现场工具、用品使用后未归位扣4分 （2）毛巾使用后未清洁扣1分 （3）现场整洁有序、符合6S标准，不符合扣5分	10				
7	安全规范	现场出现违规、危险操作安全隐患扣10分	10				
8		总　　分	100				30%+30%+40%=实际得分
9	小组组长签字：	教师签字：					实际得分

第七章　汽车玻璃修复

学习目标
- 能够规范使用工具及常规维护；
- 会使用玻璃专用电钻；
- 会清理玻璃损伤部位；
- 安全规范修复玻璃损伤。

第一节　汽车玻璃修复工具

一、专用工具

玻璃修复工具及使用见表2-7-1。

玻璃修复工具及使用　　　　　　　　　表2-7-1

工具名称	图例	使用
电钻		选用玻璃专用电钻，对破损部位进行打磨钻孔，易于玻璃修复剂渗透
顶针	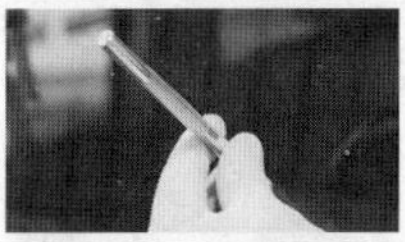	针对部分玻璃特殊情况，清除碎玻璃渣或其他污染物
吸盘		选用玻璃修复专用吸盘，将注胶头固定在裂痕中心孔的上方并压紧
紫外线灯		安装在玻璃修复部位，对玻璃修复剂加速固化
毛刷		清洁汽车玻璃损伤部位残留的玻璃渣和其他污渍
刀片		手拿专用刀片，成30°~45°，清除玻璃修复后的多余玻璃修复剂

二、材料

玻璃修复材料及使用见表2-7-2。

玻璃修复材料及使用　　　　　　　表2-7-2

材料名称	图例	使 用
翼子板防护垫		采用磁铁或挂钩固定于前翼子板和散热器部位,保护车身油漆和零部件,避免划伤
内饰保护套		保护汽车座椅、转向盘、变速杆、驻车制动器、脚垫等不受外界污渍污染
玻璃抛光剂		对玻璃修复部位使用玻璃抛光剂擦拭,直至光洁度恢复原样
玻璃修复剂		修复汽车前、后风窗玻璃出现的牛眼、星状、裂痕等损伤

第二节　汽车玻璃修复操作流程

一、施工前的准备工作

1. 工作人员准备

穿戴工作服、护目镜、劳保鞋。

2. 场地准备

电源、灯光、玻璃修复材料、工具。

3. 车辆检查

(1)车辆停放到施工工位合适位置,拉起驻车制动器操纵杆、复位挡位、车辆熄火、拔出点火钥匙。

(2)检查车辆外观和内饰是否有损伤,若有损伤,进行登记记录,并告知车主进行签字确认(外观:车身油漆、车窗玻璃、轮毂轮胎等;内饰:仪表台、座椅、车门及电器开关等)。

二、汽车玻璃修复注意事项

(1)出现裂痕后应尽快修复,避免裂痕受雨水、油液等污渍侵入,影响修复效果。

(2)清洁玻璃破损部位时,严禁使用嘴吹,防止破损玻璃渣溅入眼睛。

(3)玻璃修复剂通常会和紫外线发生反应,因此作业过程中避免在阳光下进行。

（4）玻璃修复前严禁洗车，以免裂痕中的水分没有完全蒸发影响修复效果。

（5）紫外线照射时，严禁眼睛长时间观看，损伤眼角膜。

三、汽车玻璃修复施工流程

汽车玻璃修复分为清理玻璃杂质、玻璃钻孔、固定注胶头、注入修复剂、加压处理、竖条裂痕修复、修复剂固化、清除残胶、玻璃抛光、检查、6S管理等十一个步骤。

1. 清理玻璃杂质

使用清洁毛刷或者无纺布清理玻璃破损部位，清除表面碎玻璃渣或其他污染物，达到裂痕创口内无灰尘、无水和杂质最佳状态，部分情况下需要用顶针对裂痕进行扩大处理，为了修复剂能够更容易的进入到裂痕底部，如图2-7-1所示。

2. 玻璃钻孔

使用玻璃专用电钻在破损部位中央钻孔，钻入的深度一般为1~2mm，如图2-7-2所示。钻孔的目的是为了修复剂更容易进入裂痕底部。

图2-7-1　清理玻璃杂质

图2-7-2　玻璃钻孔

3. 固定注胶头

使用玻璃专用吸盘将注胶头固定在破损部位中心孔的上方并压紧，如图2-7-3、图2-7-4所示。

图2-7-3　安装辅助玻璃

图2-7-4　固定注胶头

4. 注入修复剂

根据修复品牌、种类和成分不同，滴入的数量不同，一般DIY产品需滴入4~5滴，进口修补剂只需1滴，如图2-7-5、图2-7-6所示。

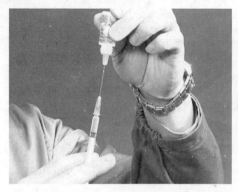
图 2-7-5 注射器吸入玻璃修复剂

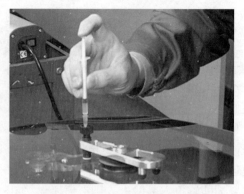
图 2-7-6 注射器注入玻璃修复剂

5. 加压处理

玻璃修复剂加入口旋入螺纹旋杆，直至玻璃修复剂渗入破损部位，如图 2-7-7 所示。并使用手电筒仔细查看玻璃修复剂是否全部覆盖裂痕，是否存在气泡，若有，需重新加压处理，如图 2-7-8 所示。

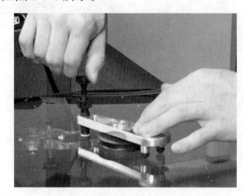
图 2-7-7 加压渗入玻璃修复剂

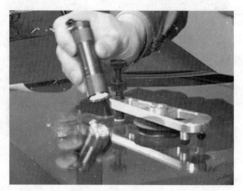
图 2-7-8 手电筒观察

6. 竖条裂痕修复

通常采用直接滴液的方式进行修复，由于液体扩张原理，因此修复剂需要由下向上滴液，滴液时透明胶片要及时跟进抹平，以防空气进入裂痕，如图 2-7-9、图 2-7-10 所示。（操作滴液时切勿由上而下操作，否则很容易产生气泡或痕迹）

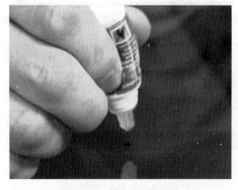
图 2-7-9 滴入玻璃修复剂

图 2-7-10 贴上透明胶片

7. 修复剂固化

使用紫外线灯或阳光直射5~10min,如图2-7-11所示。

8. 清除残胶

紫外线灯照射后,玻璃修复剂的固化膜会粘在玻璃上,需要用刀片刮去残胶,如图2-7-12、图2-7-13所示。手拿刀片与玻璃成30°~45°角,上下刮除。严禁用力过大,划伤玻璃。

图2-7-11 紫外线灯照射

图2-7-12 专用刀片

图2-7-13 清除固化膜

9. 玻璃抛光

将玻璃抛光剂倒在玻璃修复部位,使用无纺布进行抛光,直至玻璃表面光亮即可,如图2-7-14、图2-7-15所示。

图2-7-14 玻璃抛光剂

图2-7-15 玻璃修复部位抛光

10. 检查

检查玻璃修复是否完善,周围是否留有残胶,如图2-7-16所示。

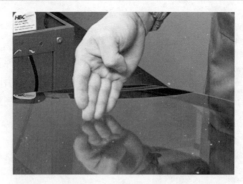

图 2-7-16 检查玻璃

11. 6S 管理

收拾工具,清理场地。

1. 当汽车玻璃沾染漆雾时,该如何处理?
2. 写出汽车玻璃划痕修复的操作流程。

汽车玻璃修复操作考核评价见表 2-7-3。

汽车玻璃修复操作考核评价表　　　　表2-7-3

班级：　　　班 第　　组　小组成员：　　　　　　　日期：　　年　月　日

序号	考核内容	考核要点	分数	学生自评	小组评价	教师评价	备注
1	劳保穿戴	（1）未穿戴工作服扣3分 （2）未穿劳保鞋扣3分	6				
2	团队意识	（1）不能相互协助扣5分 （2）不能顾全大局扣5分	10				
3	汽车玻璃修复准备工作	（1）未检查车身外观和内饰件损伤扣2分 （2）检查未做记录扣2分 （3）未安装翼子板防护垫扣2分 （4）未安装内饰保护套扣2分 （5）玻璃修复工具准备不齐全,每少一种扣1分	10				
4	汽车玻璃修复实施操作	（1）未使用毛刷清理破损部位扣3分 （2）特殊情况下未使用顶针清理破损部位扣2分 （3）未使用专用电钻和钻头扣3分 （4）电钻与玻璃不垂直扣2分 （5）钻孔深度超过2mm扣3分 （6）注胶头固定位置不准确扣2分 （7）修复剂注入量过少扣2分 （8）加压后,修复液未全部渗透破损处扣3分;（重复加压不扣分）	36				

续上表

序号	考核内容	考核要点	分数	学生自评	小组评价	教师评价	备注
4	汽车玻璃修复实施操作	（9）竖条修复由上而下滴液扣2分 （10）竖条修复滴液后未覆盖扣2分 （11）未使用紫外线灯或阳光照射扣2分 （12）紫外线灯或阳光照射时间不足5min扣3分 （13）未使用刀片清除残胶扣2分 （14）使用旧刀片清除残胶扣3分 （15）未使用玻璃抛光剂抛光扣2分 （16）使用漆面抛光剂抛光扣3分	36				
5	汽车玻璃修复检查结果	（1）玻璃修复部位有气泡扣5分 （2）玻璃修复后有痕迹扣5分 （3）玻璃修复部位有划伤扣5分 （4）玻璃破损部位表面光泽暗淡扣3分 （5）玻璃表面未清洁干净扣2分	20				
6	现场整理	（1）现场工具、用品使用后未归位扣5分 （2）现场整洁有序、符合6S标准，不符合扣5分	10				
7	安全规范	现场出现违规、危险操作安全隐患扣10分	10				
8		总　　分	100				30%+30%+40%=实际得分
9	小组组长签字：	教师签字：					实际得分：

第三单元
车身电器的加装

第一章　设备、工具、材料使用说明

一、设备

设备名称及使用范围见表3-1-1。

设备名称及使用范围　　　　　　　　　表3-1-1

设备名称	图例	使用
世达工具108件套		用于拆除汽车车身零部件，比如汽车行李架、室外反光镜、中控台、座椅等部件
世达(SATA)53件电信电工组套		用于拆卸汽车内饰板件
手电钻		用于汽车音响垫圈后箱体的钻孔
热风枪		用于热缩管加热收缩
剥线钳		主要用于汽车导线拨线，制作接头
永磁铁式LED检修灯		在工作时提供良好的光线
万用表		用于测量电源线路

续上表

设备名称	图例	使用
汽车测电笔	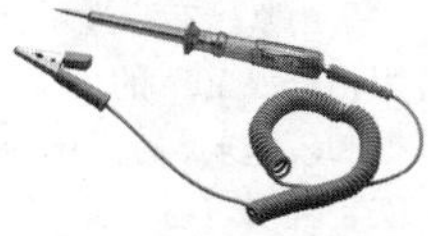	使用汽车测电笔测量原车电路,提高工作效率
滚轮(压轮)		用于汽车门板内部隔声材料的粘贴压实
工具车		用来承载车灯改装装饰过程中,工具及设备的存放
扭力扳手		用于松卸、紧固汽车各连接螺栓,根据维修手册上的规定力矩紧固零部件
壁纸刀		用于清除保险杠钻孔后的毛边清理
卷尺		测量倒车雷达探头安装位置

二、速拆辅助工具

汽车音响速拆辅助工具及使用见表3-1-2。

汽车音响速拆辅助工具及使用　　　　　　表3-1-2

工具名称	图例	使用
大铁撬		大铁撬采用坚韧有弹性不会断裂的不锈钢制作,经久耐用。大铁撬主要用于拆卸门板特硬、特大的部位,还有撬卡扣的功能
大撬		用来拆卸所有的门板,由于质地坚韧能够快速地完成作业,不会划伤门板等,经常用于安装导航,门灯等作业
中撬		采用坚硬有弹性不会断的塑料材料制作,经久耐用,不伤车身,45°直斜角度方便直插拆卸,中撬主要拆卸面积稍微大的、软的接口缝处。汽车音响、仪表、扬声器、角灯等附件

续上表

工具名称	图例	使用
小撬		采用坚硬有弹性不会断裂的塑料材料制作,两边采用相反成30°的角度,用起来轻松不伤手,主要用于拆卸较脆弱,易损坏的面积小较软接口缝处。常用于安装音响,门灯等
平撬		使用高硬度、高弹性不会断的塑料材料制作,经久耐用,不伤车身,适用于拆卸小面积板块。经常使用于改装门把手,扶手,后视镜等附件
钢针直钩	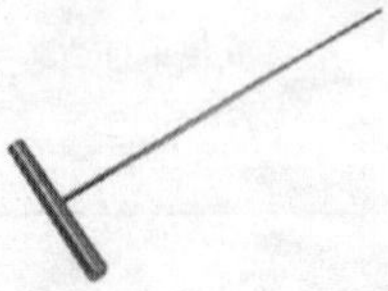	穿孔引线、螺栓对位,辅助汽车特殊部位
钢针弯钩	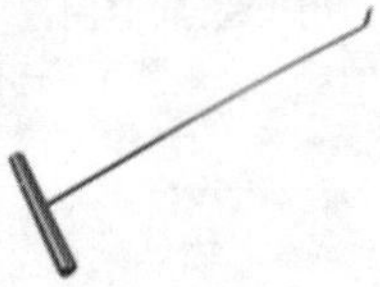	用于拉线引线等,辅助汽车特殊部位
相反撬	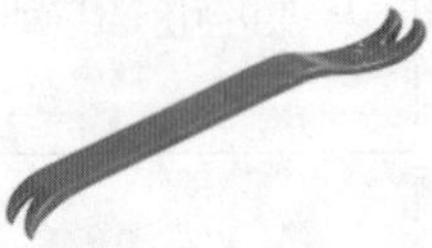	使用高硬度、高弹性不会断的塑料材料制作,经久耐用,不伤车身,适用于拆卸卡扣、塑料钉、安装导航,拆卸面积较小脆弱易破损的接口处
卡扣起子	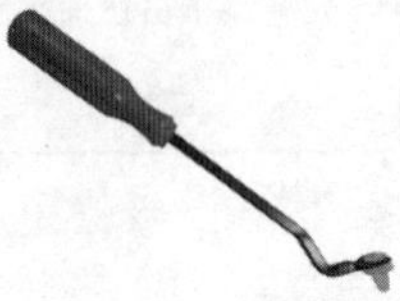	用于拆卸固定汽车附件的卡扣

三、材料

汽车音响材料及使用见表3-1-3。

汽车音响材料及使用   表3-1-3

材料名称	图例	使用
主机		安卓系统音响主机,具有超大屏幕、安卓操作系统、蓝牙功能、可视倒车、安卓手机互联、行车记录仪、视频播放、全局声控等功能。目前,主机采用专车专用,为驾乘者提供愉悦的移动空间
功率放大器		通过主机音源传递给汽车功率放大器,经音源信号放大后传递给扬声器

续上表

材料名称	图例	使用
高音扬声器		高音扬声器表现的频段是高频,中高频。中高频是人耳非常敏感的频段之一,这个频段由于振动幅度小,速度快。降低自身失真方面最主要是高音的支撑架的品质。在较高级的汽车音响的高音全部采用精加工的铝架作为支撑件,这样可以使高音失真低,有更高的清晰度
中音扬声器		汽车上多采用中音扬声器,安装在汽车门板部位
低音扬声器		低音扬声器是车载扬声器中的低音扬声器单元,其作用是将从分频器输出的低频信号(频率范围一般在20~150Hz)重放。一般来说,低音扬声器的口径、磁体和音圈直径越大,低频重放性能、瞬态特性就越好,灵敏度也就越高。主要安装于汽车行李舱
汽车扬声器垫圈		用于扬声器止振,更利于扩散音源
电容		电容在车音响内起到滤波和储存电能的作用。一般安装在蓄电池和功放位置
线材		选用套装线材,主要包括电源线、熔断丝、音频线、控制线等。用于主机与功率放大器之间的连接
汽车接线端子		用于制作汽车导线接头,安全牢固、方便快捷
止振板		用于车辆振动异响,粘贴于汽车室内底盘、车门、行李舱等部位

续上表

材料名称	图例	使用
吸音棉		用于吸收、阻隔外界杂音,安装于汽车驾驶室内部、门板、行李舱等部位
电工胶带		用于固定导线,对裸露导线包扎绝缘处理
美纹纸胶带		美纹纸胶带主要在线路中做标记
汽车扎带		用于固定线路
热缩管		用于汽车导线的绝缘
热熔胶枪		用于溶解热熔胶棒
热熔胶棒		配合热熔胶枪使用,固定汽车高音扬声器
翼子板防护垫		采用磁铁或挂钩固定于前翼子板和散热器部位,保护车身油漆和零部件,避免划伤
内饰保护套		保护汽车座椅、转向盘、变速杆、驻车制动器操纵杆、脚垫等不受外界污渍污染
快速接线器		用于快接连接汽车导线

续上表

材料名称	图例	使用
汽车熔断丝插座		用于加装汽车电器时,连接电器正极,起到保护电器的作用
氛围灯		汽车室内氛围灯安装在驾驶室中控台与前排座椅下面 汽车底盘氛围灯安装在前后保险杠和左右车门下面
LED前照灯		安装于汽车远光灯或近光灯,根据原车灯泡型号选择LED前照灯
一体式氙灯		选择与原车灯泡型号相同的一体化氙灯,直接更换原车灯泡即完成安装
倒车雷达		安装于前、后保险杠,为驾驶人员提供安全提示

第二章　汽车音响的加装

学习目标

◆ 会规范使用和维护工具；
◆ 掌握汽车音响系统的组成；
◆ 安全、规范安装汽车音响；
◆ 能够对汽车音响进行调音工作。

第一节　汽车音响加装工具

一、常规工具

世达工具108件套，世达(SATA)53件电信电工组套，手电钻，热风枪，剥线钳，永磁铁式LED检修灯，万用表，汽车测电笔，滚轮(压轮)。

二、速拆辅助工具

大铁撬，大撬，中撬，小撬，平撬，钢针直钩，钢针弯钩，相反撬，卡扣起子。

三、材料

主机，功率放大器，高音扬声器，中音扬声器，低音扬声器，汽车扬声器垫圈，电容，线材，汽车接线端子，止振板，吸音棉，电工胶带，美纹纸胶带，汽车扎带，热缩管，热熔胶枪，热熔胶棒。

第二节　汽车音响操作流程

一、汽车音响的组成

汽车影音系统主要由主机、均衡器/分音器、功率放大器、扬声器、天线等五部分构成。

1. 主机

从专业角度讲主机应定义为音源，它把音乐软件的磁信号或数字信号等转化为相应的电信号。按信号源分成AM/FM、MD、MP3、CD、VCD、DVD、安卓操作系统主机等。目前安卓系统+GPS+电子狗+行车记录+车道偏离预警等功能，已逐步成为市场主流。

2. 均衡器

均衡器是一种音频信号处理设备，它可以控制不同音频点(段)的信号的强度。

功能：

（1）校正音频设备产生的频率畸变，以获得平坦响应。
（2）提高清晰度和自然度。
（3）改善车内声场的不均匀度，确保其频率特性平直。

3. 分音器

分音器是为使声音得到最好的再现，将特定音频段输入到扬声器的一种电路。它不仅能够提高音质，还能使高音扬声器得到保护。

4. 功率放大器

功率放大器是一种大信号工作放大电路，在专业汽车音响中，为保证有足够大的功率来推动扬声器需在主机与扬声器之间加装专业功率放大器。对功率放大器的要求是：输出功率尽可能大，效率要高，失真要小。

5. 扬声器

扬声器是一种将电能转换成声能的电声转换器件，在汽车音响系统中的重要性极为突出，其品质的优劣直接影响系统的重放效果。

6. 天线

天线的作用是接收广播电台的发射电波，通过高频电缆，向无线电调频装置传送。

7. 电容

电容是一种储能元件，它所存储的能量与其两端的电压有关，当电压升高时电容吸收能量，当电压降低时，电容释放能量。

8. 附件

附件包括：线材、熔断丝、接头、热缩管等。

二、汽车影音主机

安卓系统 DVD 具有导航定位、电子狗、行车记录、车道偏离预警、影音播放、蓝牙免提、收音机、倒车影像、iPod 接入等功能，为驾驶者提供安全舒适的驾乘乐趣。

三、汽车扬声器自身特点

1. 耐高低温

车辆行驶在复杂的环境中，温度会随着气候变化，天气温差较大，汽车扬声器要耐高、低温。

2. 耐潮湿

车辆行驶在雨水天气、积水路段或洗车时都会受到潮湿的袭击，汽车扬声器要防潮湿，现在的扬声器多采用防潮湿的化学合成材料音盆。

3. 防尘土

汽车扬声器多安装在车门上，车辆行驶过程中容易吸附尘土，需要防尘罩防止音圈摩擦产生噪声。

4. 抗振动

汽车扬声器随时随地会受到汽车运动时的振动冲击，在设计上要牢固无共振。

5. 抗噪声

考虑到各种噪声和振动情况，所以使用的材料有所不同，要采用各种方式抵消不同的噪声。

6. 低阻抗

汽车供电电压低，为了获得大的功率，扬声器的阻抗都较小，多使用4Ω、3.2Ω和2Ω。

四、汽车扬声器的分类

1. 按扬声器重放的频率分类

（1）全频扬声器：能够重放全频的声音，通常范围是20Hz~22kHz。

（2）高音扬声器：又名高音头、高音仔，用于重放高频段音频，通常范围是4Hz~20kHz。

（3）中音扬声器：用于重放中频段音频，通常范围是400Hz~5kHz。

（4）中低音扬声器：用于重放中低频段音频，通常范围是200Hz~3kHz。

（5）低音扬声器：用于重放低频段音频，通常范围是30Hz~2kHz。

（6）超低音扬声器：用于重放超低频段音频，通常范围是20Hz~1kHz。

2. 按扬声器尺寸分类

扬声器的尺寸可分为80mm(3in)、100mm(4in)、130mm(5in)、150mm(6in)、200mm(8in)、250mm(10in)、300mm(12in)等圆形的(1in=25.3mm)。还有100mm×150mm、130mm×150mm、150mm×230mm等椭圆形的。可根据车内预留的尺寸选用。

3. 按扬声器的结构分类

汽车扬声器通常可分为：单元扬声器、套装扬声器、同轴扬声器、低音扬声器。

1）单元扬声器

汽车上的原装扬声器大多数采用单元扬声器，其结构简单，只能表现中频范围，表现为高音不亮，低音不厚，属低档产品。

2）套装扬声器

套装扬声器是由高音扬声器(高音仔)、中音扬声器、分频器等组成的。常用的有二分频和三分频两种，其优点是有利于声场的定位。由于不同的扬声器负责不同的频率，因而其分频准确，频率范围宽广。在这里要介绍一下分频器。分频器连接音源、高音、中低音，使之成为一个系统，其作用是将正确的频率分配到相应的扬声器，以确保高、中音扬声器能各司其职。在有些分频器上有0、−3dB、−6dB 的标注，它实际上是一个高音扬声器的衰减电路，可根据个人的听音喜好来选择高音接在哪一个上。

由于套装扬声器有优秀的声场定位能力，一般都用在前声场。安装时应注意高音扬声器和中音扬声器的距离最好不要超过30cm。以免声音过于散。高音扬声器安装位置尤为重要，因为它将决定整个声场的位置。

INPUT 为音源输入，WOO 接中音扬声器，TWE 接高音扬声器。

WOO 和 TWE 也有写作 Mid 和 High 的。不同厂家的标注是不一样的，平时应多积累英文单词。在分频器上只能连接本套型号的扬声器，不要乱接其他扬声器。因为本套型号的扬声器的分频点和其他参数是设计好的，如果乱接其他扬声器效果将不能达到设计要求，甚至烧毁高音扬声器。

3）同轴扬声器

就是将高中音扬声器放置在同轴或同一底盘上。同轴扬声器的优势是易于安装，且音源一致,即点音源。缺点是高音常常会"遮盖"中音;声音偏硬,声场不均匀,一般推荐做后声场扬声器用。

4)低音扬声器

一般都在200mm以上,装在专门制作的低音箱内。低音扬声器尺寸越小,声音效果就越硬和脆;尺寸越大,声音效果就越深沉,余音也越重。

目前市场上用一种现成的低音炮来做低音箱,省去了制作音箱的麻烦,但效果不如音箱。低音炮只是一种低端的产品。低音炮可分为有源和无源两种。有源低音炮是指有独立的电源来带动低音炮的内置功率放大器以推动低音扬声器。无源低音炮无内置功率放大器,直接由车载功率放大器推动低音扬声器。

低音能极大地改善车内的听音感受,特别是高速行车中,低音会大大地衰减,增加一个低音系统是很必要的。低音扬声器一般可分为单音圈和双音圈两种。其阻抗有2Ω、4Ω、6Ω、8Ω。6Ω为欧洲款扬声器常用。

五、汽车音响的配置形式

1. 主机+4扬声器

这种配置方式目的是加大内置功率放大器的功率。所有主机上标明的功率输出值都是峰值功率。由于主机内空间的限制,以目前通用的技术还无法使内置功率放大器的效果达到强劲及高清晰的解析度,如图3-2-1所示。

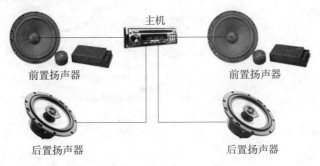

图3-2-1　主机+4扬声器

2. 主机+功率放大器+4扬声器(套装)

这是一套标准的搭配方式,如图3-2-2所示。这种搭配最适于欣赏传统音乐、流行歌曲、交响乐等中、高档轿车。

图3-2-2　主机+功率放大器+4扬声器(套装)

3. 主机＋功率放大器＋4 扬声器＋超低音扬声器

有些四声道功率放大器具有的无衰减前级输出,使系统扩展超低音(BASS)显得轻而易举,装有超低音的系统最适合于那些喜欢爵士乐、摇滚乐、重金属音乐的顾客。

对于某些中档次的车型,为了达到消除噪声、提高低音部分的声压级目的,也不妨采用这种搭配,如图 3-2-3 所示。

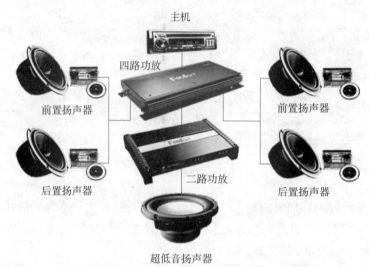

图 3-2-3　主机＋功率放大器＋4 扬声器＋超低音扬声器

复杂的音响配置主机与功率放大器还有电子分音器、均衡器等。

第三节　汽车音响加装

一、汽车音响系统方案设计

1. 与车主沟通

首先与车主沟通,根据车主的喜好、预算和车型进行汽车音响系统方案设计。

2. 汽车音响系统方案设计遵循的原则

1）系统平衡原则

（1）价格的平衡性:指整个汽车音响系统的档次要和汽车的听音环境相配合。一部价格为 20 万～30 万元的汽车,通常车内噪声较小,车体较厚,隔声效果不错,这时搭配一套价格在 2 万～4 万元的高档音响丝毫不足为过。

（2）搭配的平衡性:搭配汽车音响时一定考虑一套音响的各个组成部分的平衡,即主机、功率放大器、扬声器和线材都要进行恰当的选择,合理使用,切忌在配置中,某一部分使用相差悬殊的设备器材。过高,发挥不出其性能造成浪费,较差的器材又会使整套系统指标下降,得不偿失。

2）大功率输出原则

大功率输出原则是指在一套音响系统中,主机或功率放大器的输出功率一定要大,因为它们的输出越大,表明它们能够控制的音频线性范围越大,这也就意味着其驱动扬声器的能力越强。而小功率放大器不仅容易引起声音上的失真,更会导致烧毁功率放大器或者是扬声器线圈。

3)音质自然重放原则

当专业音响人士评判一套音响系统的优劣时,都会不约而同地将其频响曲线的平滑性作为评价的主要客观参数。频响是表明系统再现音域范围的指标。

一般来说,衡量一套音响系统的好坏最直接有效的方法是亲耳试听,即以个人的听感为主,技术为辅。在听感方面,一是临场效果好,二是音乐整体平衡感强,三是对于移动的声音有较好的表现,要有层次感。

3. 关键部件的选择方式

1)功放的选用

普通汽车音响的功放都设计在收放机的主机内,功率一般为10~15W。但要聆听多层次、大功率的数码音乐,则无法达到,这样必须在系统内增加独立的功率放大器,俗称"后级":多采用开关电源升压方法,将电源的12V电压升至35~40V,这样动态范围加大,并且将由于电源而引起的干扰降到最低,从而保证再现完美的音质。

好的功放可提供大功率,即具有很高的负载能力,它允许把多只扬声器连接在一个大功率的功放上,同时可以保证音响系统的功率,在聆听音乐时可以使音乐再现完美的音质。

2)扬声器(喇叭)的选用

音响工业已有100多年的历史,和音响主机比起来,发展最慢的是扬声器;但扬声器却是音响最重要的环节,有的车主花了几千元装上高档CD机,但用的只是原车几十元一对的扬声器,再高档的CD机,有劲也使不出;选择扬声器,应考虑与音响主机功率相匹配和使用什么样的系统。如选择音乐品质型系统(播放古典乐、交响乐、轻音乐等),应选择音质清晰、灵敏度高、轻而坚固的锥形体音盆扬声器。如选择音量型系统(播放迪斯科、摇滚乐等),应选择比较牢固并且动态范围大的扬声器。

在选择扬声器时需要多听多比较,并且将所有的音调控制设置为零点,关闭信号处理器(环境、戏院、门厅效果等)。也关掉任何其他的均衡,这样才能听到扬声器本质上的声音。

4. 汽车音响基本布线及搭配方法

安装汽车音响不是一件简单的事情。专家说三分线材七分器材。汽车音响的安装是一门综合的技术和艺术,要求技师对汽车电路和音响非常了解,安装汽车音响不能影响车辆的性能,也不能留下不安全的隐患。

1)器材搭配

器材的搭配是安装音响的第一个环节,如果器材搭配不合理,安装的工艺再好也是无用。

搭配的原则:从音响系统整体考虑,扬声器功率与音响主机功率或放大器功率相匹配。但选择扬声器只看功率不看灵敏度,是不合理的搭配。此外,依照车主喜好的音乐风格也是很重要的。汽车音响可大致分为两大流派:音乐型以古典乐和交响乐为主,音量型以流行音乐和摇滚乐为主。

主机、功放、扬声器应按同一风格配置,用重低音效果器材是不能欣赏古典音乐的。

2）选择线材

线材是安装音响系统的第二个环节。线材的好坏直接影响音质和安全。线材分为信号线、电源线和扬声器线，最好选用高抗氧化、高电导率，并且外皮包有 PVC、PE、PP 等材料的线材。

（1）信号线要考虑屏蔽，应选用双层屏蔽线，可增强抗干扰性，防止杂音进入。

（2）电源线要考虑传导性。汽车音响应选用多芯铜线，不但阻抗小，电导率高，而且线材的外皮都是耐高温、高阻燃、抗老化。用过细的线材会发热，造成热损耗，甚至会引起火灾。

（3）扬声器线要考虑耐高温、抗老化。线材应选用钛金、镀银、无氧铜等材质，使用不同的线材，音质将略有差异。

3）镀金保险

汽车音响是在颠簸振动、温度高、电流大的恶劣环境下工作。如果电源线外皮被磨开，或车辆发生碰撞造成车身短路，容易引起火灾。使用镀金保险座，可以防止短路和氧化锈蚀，消灭潜在隐患。

4）布线工艺

在安装汽车音响的过程中，要注意以下原则：

（1）走线不能影响原车线路。

（2）制作低音音箱不能破坏车体。

（3）器材要与原车整体布局和颜色协调美观。

（4）布线要避开计算机和控制系统。

（5）音频线与电源线分开布线，避免因布线位置不合理，使车上电器与音响系统互相干扰。

（6）音响的电源一定要选择主干线或蓄电池，避免电流过大造成火灾。

二、主机、功率放大器和扬声器接线

1. 音响系统主机的接线方法

（1）黄色线：记忆电源线，接 OFF 端，即常电源线。

（2）红色线：接 ACC 或 ON 端，起开关作用。

（3）黑色线：搭铁线（车的金属部位）。

（4）蓝色线：电动天线的信号。

（5）蓝白色：功放信号线。

（6）（扬声器）左前 LF：白＋白／黑。

（7）（扬声器）右前 RF：灰＋灰／黑。

（8）（扬声器）左后 LR：绿＋绿／黑。

（9）（扬声器）右后 RR：紫＋紫／黑。

2. 音响系统功率放大器接线方法

（1）REM 端：与音响主机控制线相连接。

（2）+B 端：与蓄电池正极相连接。

（3）GHD 端：搭铁。

功放线路连接如图 3-2-4 所示，功放调节如图 3-2-5 所示。

四声道汽车功放机安装图①

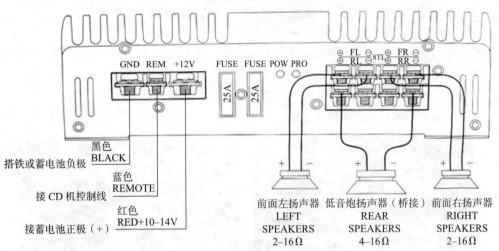

注：以上为第一种的连接，两个前面扬声器和一个低音炮扬声器。
注意：前面扬声器输出负荷阻抗最小 2Ω 以上，后面扬声器输出负荷阻抗也必须在 2Ω 以上（桥接时负荷阻抗要大于或等于 4Ω）；否则，会引起本功率放大器过电流、过载保护。

图 3-2-4　功放线路连接

四声道汽车功放机安装图②

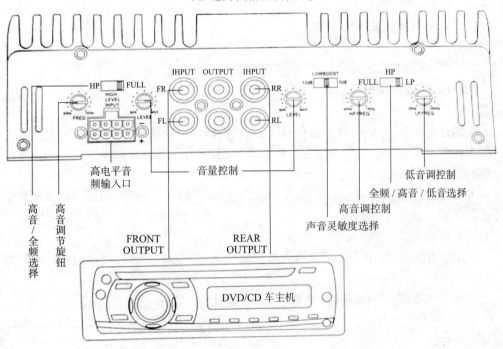

图 3-2-5　功放调节

3. 音响系统扬声器接线方法

（1）中音扬声器线路连接：正极接电源正极，负极接电源负极。

（2）分频器线路连接图（3-2-6）：

音源输入 INPUT：正极接电源正极，负极接电源负极。

中音扬声器 WOO 或 Mid：正极接电源正极，负极接电源负极。

高音扬声器 TWE 或 High：正极接电源正极，负极接电源负极。

高音扬声器安装位置如图 3-2-7 所示。

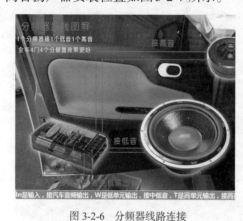

图 3-2-6　分频器线路连接

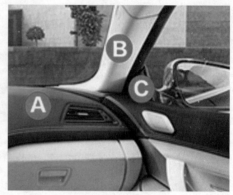

图 3-2-7　高音扬声器安装位置

三、汽车音响安装流程及方法

1. 汽车音响安装准备工作

（1）车辆入位。

①车辆安全：拉起驻车制动器操纵杆、复位挡位、车辆熄火。

②保护内饰：安装座椅保护套、转向盘套、变速杆套和脚垫。

（2）车辆检查。

①车辆外观检查：车辆外观全方位检查，对损伤部位进行登记记录。

②车辆内饰件检查：检查内饰各部件有无损伤，音响、电动车窗和中控锁能否正常工作，如有损坏进行登记记录。

以上检查告知车主并进行签字确认。与车主共同清理车载物品，使用纸箱或塑料袋装好并妥善保管。

2. 汽车音响安装注意事项

（1）拆卸主机时，拔出点火钥匙或者将点火钥匙置于 OFF 挡，以免造成短路或烧坏车载电器。

（2）拆卸、安装汽车内饰件时，严禁暴力，以免损坏内饰件。

（3）安装汽车内饰件时，先使用相位仪进行扬声器测试，所有扬声器正、负极连接正确，再安装内饰件。

（4）安装搭铁线时，先使用砂纸对安装位置进行打磨去除防锈漆，防止搭铁线接触不良。

（5）布线时，先设计布线方案，考虑周全，并认真、细心、负责地完成穿线、排线工作。

（6）当电源线靠近音频信号线、行车电脑单元时，电源线必须离开它20cm以上，如果电源线和音频信号线需要互相交叉时，建议最好以90°相交，防止产生电流干扰声。

（7）电源线尽可能短，如果超长，把超长部分折叠起来，严禁卷起。

（8）音频信号线接头处使用绝缘胶带缠紧，以保证绝缘，防止接头接触车体产生噪声。

3. 拆卸汽车内饰件

1）拆卸原车音响主机

（1）查找原车拆装资料；请参考相关《维修手册》。

（2）准备拆装工具（请参考工具）。

（3）检查汽车钥匙是否打开，并彻底关闭电源或拔出点火钥匙，如图3-2-8所示。

（4）使用专用撬具拆除音响主机周边装饰条，如图3-2-9所示。

图3-2-8　关闭电源

图3-2-9　拆卸装饰条

（5）拆卸固定主机的4个螺钉，并存放在专用盒内。

（6）移出主机，拆卸收音机天线和音响主机线束等，如图3-2-10、图3-2-11所示。

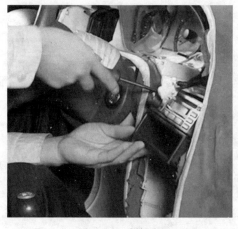

图3-2-10　拆卸主机

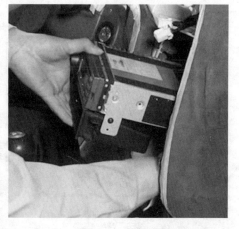

图3-2-11　拆卸线束

（7）妥善存放原车主机，如图3-2-12所示。

2）拆卸车门内饰件

（1）查看维修手册，确定车门螺钉固定位置，如图3-2-13所示。

图3-2-12　存放主机

图3-2-13　确认螺钉位置

（2）选择合适的撬具撬开螺钉保护罩，如图3-2-14、图3-2-15所示。

图3-2-14　撬开螺钉保护罩

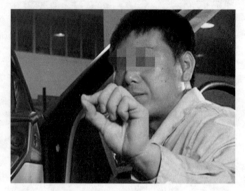
图3-2-15　螺钉保护罩

（3）使用专用螺丝刀或者套筒扳手拆卸固定螺钉，并把螺钉放置在专用螺钉盒内，如图3-2-16所示。

（4）选择合适的撬具撬开车门周边塑料卡扣，如图3-2-17所示。

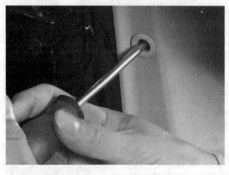
图3-2-16　拆卸螺钉

图3-2-17　撬开卡扣

（5）松开内饰板各开关控制插头，如图3-2-18所示。

（6）卸除车门内饰板，并妥善放置，如图3-2-19所示。

图 3-2-18 松开插头

图 3-2-19 拆除车门内饰板

3）拆卸行李舱装饰件

（1）选择专用撬具或者螺丝刀、套筒卸下卡扣或螺钉（图 3-2-20），并放置到专用螺钉盒内。

（2）拆卸密封胶条，如图 3-2-21 所示。

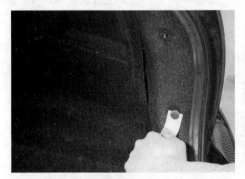
图 3-2-20 拆卸卡扣

图 3-2-21 密封胶条

（3）移除备用轮胎及附件，如图 3-2-22 所示。
（4）拆卸行李舱内饰件，并妥善放置，如图 3-2-23 所示。

图 3-2-22 移除备胎

图 3-2-23 行李舱内饰件

专家支招：在拆卸过程中，要保持认真、负责的工作态度，善于思考、动作要轻，以免造成车辆附件损坏。

4. 汽车音响布线

（1）根据该车所需长度裁出功放电源线、扬声器线和信号线（或者选用专用配套线材）。

（2）拆卸门框装饰条及部分装饰板。使用专用撬具或者螺丝刀拆下门框装饰条及部分装饰板，如图3-2-24、图3-2-25所示。

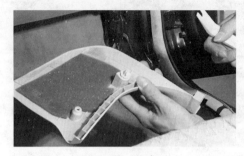

图3-2-24　拆卸装饰板

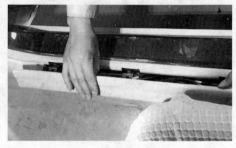

图3-2-25　拆卸装饰条

（3）电源线布线。
①从驾驶室与发动机舱总线束处穿出电源线，并引伸到蓄电池位置，如图3-2-26所示。
②电源线另一端顺着门框底部引伸到行李舱内功率放大器安装位置，如图3-2-27所示。

图3-2-26　功放电源线

图3-2-27　电源线排线

③在蓄电池位置安装镀金熔断器，如图3-2-28所示。
（4）扬声器线布线。
①在扬声器线的两端分别使用纸胶带写上编号或者字母，方便确认扬声器正负极，如图3-2-29所示。

图3-2-28　镀金熔断器

图3-2-29　线材编号

②拆卸车门线束连接保护胶套，如图3-2-30所示。
③使用塑料胶条或者引线器把扬声器线引出至扬声器，如图3-2-31、图3-2-32所示。

④恢复车门线束连接保护胶套，如图3-2-33所示。

图3-2-30　拆卸保护胶套

图3-2-31　牵引扬声器线

图3-2-32　扬声器线引线器

图3-2-33　恢复保护胶套

⑤把扬声器线引伸到行李舱内的功率放大器位置，如图3-2-34所示。

高音扬声器如果安装在 A 柱上，把高音扬声器线引伸到车门扬声器处。一般扬声器与高音扬声器都安装在车门上。

（5）信号线布线。把信号线在主机位置合理引伸到行李舱内功率放大器位置，并使用电工胶布或扎带与原车线束固定（图3-2-35）。

专家支招：所有布线应合理选择路线，并使用电工胶布与原车线束进行固定，避开挤压区域。

图3-2-34　扬声器线

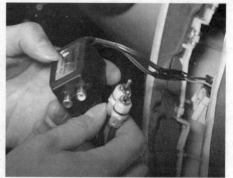

图3-2-35　信号线

5. 粘贴隔声材料

车辆隔声板粘贴位置如图3-2-36所示。

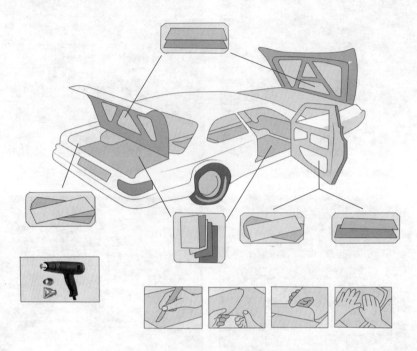

图3-2-36　车辆隔声板粘贴位置

1）车门清洁

清除车门外层塑料或者海绵等材料的防尘罩，并使用除胶剂清除其表面残留的余胶。使用洁净的毛巾擦净车门里、外层表面的灰尘，并保持干净、干燥。

2）裁剪隔音减振板和吸音棉

（1）使用卷尺测量出车门内层尺寸，也可以使用报纸裁出模板；再使用剪刀或者壁纸刀、钢直尺裁出隔音材料。

（2）车门防尘罩取下来后，分别平铺隔音减振板和吸音棉（注意正反方向，以免裁错车门），使用记号笔画出轮廓，再使用剪刀分别裁出与车门相符的隔音减振板和吸音棉，如图3-2-37、图3-2-38所示。（根据车门防尘罩原有位置，裁出门锁拉线孔、线束孔、扬声器孔、螺钉孔等位置。）使用数量请参考，如图3-2-39、图3-2-40所示。

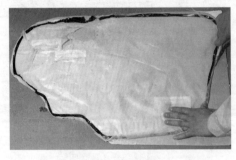

图3-2-37　裁剪减振板

图3-2-38　裁剪吸音棉

隔音部位	二厢轿车	三厢轿车	越野车
四车门单层隔音	4片	4片	6片
四车门双层隔音	6片	6片	10片
车底板仓隔音	8片	10片	12片
行李舱+盖+后翼子板	4片	5片	8片
前翼子板及轮弧	2片	3片	4片
车顶篷【不带天窗】	4片	4片	8片
汽车发动机罩	2片	2片	2片

图 3-2-39　减振板使用数量

隔音部位	二厢轿车	三厢轿车	越野车
四车门单层隔音	4片	4片	6片
四车门双层隔音	6片	6片	10片
车底板仓隔音	8片	10片	12片
行李舱+盖+后翼子板	4片	5片	8片
前翼子板及轮弧	2片	3片	4片
车顶篷【不带天窗】	4片	4片	8片
汽车发动机罩	2片	2片	2片

图 3-2-40　吸音棉使用数量

3）粘贴隔音减振板和吸音棉

（1）车门内层隔音减振。取出已裁剪完成的隔音减振板，撕开隔音保护衬纸，从一头进入车门里层，并调整好合适位置，从隔音材料的一侧向另一侧粘贴压平，并使用专用滚轮压紧隔音材料。由于车门内层有门锁、防撞钢梁等影响，粘贴时一定要绕开附件，全面覆盖，如图 3-2-41 所示。

注意：减振板分为车门内层和车门外层两部分粘贴保护，部分车型内层粘贴需拆卸玻璃升降器。

（2）车门外层隔音。取出该车门外层吸音棉，与车门进行比试，调整好合适位置，从一侧撕开保护衬纸，进行粘贴，并逐渐向另一侧粘贴。大面积粘贴时，尽量采取一边撕一边贴的方法。整块贴好以后，使用专用滚轮压紧隔音材料，如图 3-2-42 所示。

图 3-2-41　粘贴减振板

图 3-2-42　粘贴吸音棉

6. 安装主机

目前主机多采用导航 DVD 一体机和安卓智能导航一体机（图 3-2-43），专车专用，按照原车拆卸顺序安装即可。

线路连接详见说明书。

7. 安装扬声器

1）前、后车门扬声器安装

（1）取出已选择好的扬声器和垫圈，如图 3-2-44、图 3-2-45 所示。

图 3-2-43　安卓智能导航一体机

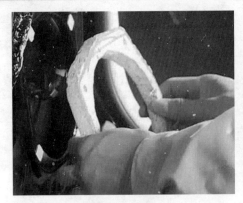
图 3-2-44 垫圈

图 3-2-45 扬声器

（2）使用螺钉固定垫圈，并紧固牢固，如图 3-2-46 所示。

（3）使用锡焊连接扬声器线与扬声器插头，并使用收缩软管绝缘，如图 3-2-47 所示。

图 3-2-46 安装垫圈

图 3-2-47 固定扬声器线

（4）连接扬声器插头。

（5）用螺钉固定扬声器，并紧固牢固，如图 3-2-48 所示。

2）高音扬声器安装

（1）原车无高音扬声器，确定位置，使用手电钻进行钻孔，孔位大小与高音扬声器大小相同；有高音扬声器，直接进行更换。

（2）使用热熔胶棒加热后，固定高音扬声器，等热熔胶棒冷却后进行安装，如图 3-2-49 所示。

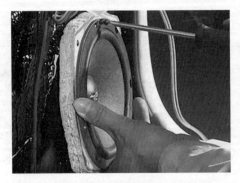
图 3-2-48 安装扬声器

图 3-2-49 安装高音扬声器

（3）在车门空间较大部位固定分频器，并连接线路，如图3-2-50所示。

3）超低音扬声器安装

对于超低音扬声器，在一些情况下需要制作音箱。行李舱内工艺部分要有效整合行李舱内资源，在获取最佳音效效果的同时，保留备胎的存储空间，还要给行李舱内节省更多使用空间，同时在视觉感官上得到一种美的享受！如图3-2-51所示。

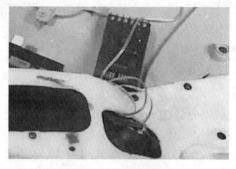

图3-2-50　安装分频器

图3-2-51　安装超低音扬声器

一般车主为了节约费用和行李舱空间，选择独立箱体式超低音扬声器，直接存放于行李舱内，使用自粘带固定。

8. 安装功率放大器

轿车的功率放大器应固定在行李舱中散热较好的位置，如行李舱左侧厢板、右侧厢板或者行李舱与后座椅靠背中间的铁皮上，都是比较理想的安装位置。吉普车一般固定在前座椅位下面比较理想。

根据说明书准确连接电源线、信号线、音频线、扬声器线等，如图3-2-52所示。

9. 恢复装饰件

图3-2-52　连接线材

安装已拆卸的汽车内饰装饰件，根据拆卸顺序，反向安装，恢复原貌，如图3-2-53、图3-2-54所示。并使用洁净毛巾擦拭除垢。

图3-2-53　门板恢复

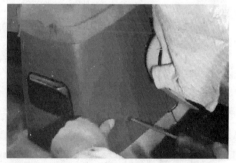

图3-2-54　手扶箱恢复

10. 调试、交车

安装音响系统的最后的一步：调试一些音响在改装后放音效果不好，声场会错位，都要在试音过程中校正。

汽车音响发烧友还要求使音乐的原音还原,尽量完美,进行音量平衡定位,调整信号平衡,调谐尖峰失真,距离音响位置等,才能发挥音响器材的最大潜能,使新选购的音响器材达到最佳的效果。

调试步骤:

(1)专用仪器调试。

使用音响专用仪器——相位仪,可以测试车内所有扬声器(高音扬声器、前后车门扬声器、低音扬声器),如图3-2-55所示。

①把专用光盘放入汽车CD机播放,本光盘有4首测试内容。

②第一段:左声道噪声信号(如果播放第一段的时候右边的扬声器有噪声信号,说明左右声道接线反了)。

③第二段:右声道噪声信号(如果播放第一段的时候左边的扬声器有噪声信号,也说明左右声道接线反了。)

④第三段和第四段:内容同样的,都是相位检测信号,灌录同样的两内容是为了怕光盘划伤,有其中一首不能顺利播放的话,可以选另一段来进行测试!播放以后扬声器会产生一个固定的频率信号。这时候把相位检测器的前面有一个探头对准您要测试的扬声器。按住测试按钮(TEST)如果绿灯闪3次,红灯闪1次,表示该扬声器输出为正相位(也就是正确的)。如果绿灯闪1次,红灯闪3次,表示扬声器的输出为负相位(也就是您的扬声器线接反了),可以通过对调扬声器的正负接线来解决。

(2)技能调试(图3-2-56)。

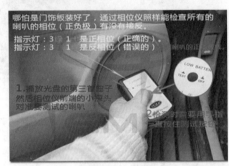 

图3-2-55 相位仪调音　　　　　　　图3-2-56 人工调音

①将功放器的增益调节到最小位置。

②用一个有语音的CD作为音源。

③逐渐调高音量直到能够失真,然后再慢慢地调低音量,直至不再听到失真,将主机的音量固定在一定位置。

④调节时主声场应该以驾驶座和前排座为主,高、中音和中低音一般在车的前部,而低音则应在车的后部。在调整高、中、低音时,无固定模式,但最终应使音乐完美地播放出来。

(3)向车主演示讲解音响系统如何正确使用。

(4)拆卸汽车内饰保洁防护四件套,并清洁内饰,干净无尘。

11. 整理场地

清扫施工场地卫生,贯彻6S管理。

1. 画出DVD加装倒车影像简图及安装流程。
2. 写出行车记录仪安装操作流程。
3. 写出超低音箱体制作材料及流程。

汽车音响安装考核评价见表3-2-1。

汽车音响安装考核评价表　　　　　　　　　　　　　　表3-2-1

班级：　　　班　第　　组　小组成员：　　　　　　　日期：　　年　月　日

序号	考核内容	考 核 要 点	分数	学生自评	小组评价	教师评价	备注
1	劳保穿戴	（1）未穿工作服扣2分 （2）未戴棉纱手套扣2分 （3）未穿劳保鞋扣2分	6				
2	团队意识	（1）不能相互协助扣5分 （2）不能顾全大局扣5分	10				
3	汽车音响安装准备工作	（1）工具准备不齐全，每少一种扣1分 （2）未检查车身外观和内饰件损伤扣2分 （3）检查未做记录扣2分 （4）未安装内饰保洁防护四件套扣3分	10				
4	汽车音响安装实施操作	（1）未察看汽车维修手册和电路图扣1分 （2）未关闭点火钥匙扣1分 （3）拆卸螺钉取出主机，插头拔出损坏扣1分 （4）螺钉未放入专用盒内扣1分 （5）四个车门板拆卸变形或损坏，每车门扣1分 （6）车门线束插头损坏扣1分 （7）拆卸迎宾踏板时，变形或损坏，每个扣1分 （8）拆卸行李舱内装饰件，变形或损坏扣1分 （9）未测量电源线、扬声器线和信号线扣1分 （10）电源线未安装熔断丝扣1分 （11）电源线未按照原车线束穿出至蓄电池扣1分 （12）扬声器线未标记扣1分 （13）车门线束保护套拆卸或安装变形扣1分 （14）信号线布置未与原车线束同道扣1分 （15）音频线、扬声器线和信号线与电源线同路扣2分 （16）车门未清洁，没门扣0.5分 （17）未制作车门模板扣1分 （18）未裁出与车门防尘罩相符隔音材料扣1分 （19）隔音材料未裁出锁拉线孔、线束孔、扬声器孔、螺钉孔等扣1分 （20）隔音材料粘贴与原车防尘罩位置不符扣1分 （21）隔音材料粘贴未绕开门锁和防撞钢梁扣1分 （22）未使用滚轮压实隔音材料扣1分	40				

续上表

序号	考核内容	考核要点	分数	学生自评	小组评价	教师评价	备注
4	汽车音响安装实施操作	（23）隔音棉未裁出线束孔扣1分 （24）隔音棉粘贴过大或过小扣1分 （25）未察看音响主机安装说明书扣1分 （26）音响主机线束连接错乱扣1分 （27）音响主机线束部分遗漏扣1分 （28）音响主机插头松动或未安装到位扣0.5分 （29）未安装扬声器垫圈扣1分 （30）未使用焊锡焊接扬声器线扣0.5分 （31）未使用收缩软管绝缘扣0.5分 （32）手电钻钻孔过大扣2分 （33）未使用热熔胶棒固定高音扬声器扣1分 （34）功率放大器安装位置影响散热扣1分 （35）功率放大器连线位置错误扣2分 （36）内饰件恢复变形或损坏，每处扣1分 （37）内饰件恢复遗漏扣1分 （38）螺钉与卡扣多出或减少，每个扣0.5分 （39）未使用相位仪调试扬声器扣2分 （40）未拆卸内饰保洁防护四件套扣1分 （41）内饰件恢复后未清洁扣1分	40				
5	汽车音响安装检查	（1）音响主机安装缝隙过大或高出扣2分 （2）倒车影像未出影扣2分 （3）播放音乐失真扣2分 （4）播放音乐，门板振动异响扣2分 （5）功率放大器接线处的导线裸露扣2分 （6）相位仪测试出扬声器＋、－极相反，每个扬声器扣1分	14				
6	现场整理	（1）现场工具、用品使用零乱扣5分 （2）现场整洁有序、符合6S标准，不符合扣5分	10				
7	安全规范	现场出现违规、危险操作、安全隐患扣10分	10				
8	总　分		100				30%+30%+40%=实际得分
9	小组组长签字：	教师签字：					实际得分：

第三章　汽车装饰性照明灯

学习目标

- ◆ 能够规范使用和维护工具；
- ◆ 会识读汽车电路图和安装说明；
- ◆ 能够规范拆卸与安装前照灯灯泡；
- ◆ 能够安全、规范更换LED阅读灯；
- ◆ 能够安全、规范安装汽车氛围灯；
- ◆ 能够安全、规范安装氙气灯或LED前照灯。

第一节　汽车装饰性照明灯工具

一、常规工具

世达(SATA)53件电信电工组套，热风枪，永磁铁式LED检修灯，剥线钳，万用表，汽车测电笔，工具车。

二、速拆辅助工具

大铁撬，大撬，中撬，小撬，平撬，钢针直钩，钢针弯钩，相反撬，卡扣起子。

三、材料

翼子板防护垫，内饰保护套，电工胶带，扎带，汽车接线端子，快速接线器，汽车熔断丝插座，热缩管，氛围灯，LED前照灯，一体式氙灯。

第二节　汽车装饰性照明灯种类

一、汽车外部装饰灯

汽车外部装饰照明灯类型及使用见表3-3-1。

汽车外部装饰照明灯类型及使用　　　　表3-3-1

名称	图例	位置	使用	功率(W)	光色
前照灯		汽车头部两侧	俗称"前照灯"用于汽车在夜间或者光线昏暗情况下的行车照明。使用灯光时，注意远、近光切换，防止对方驾驶人炫目	远光灯：40~60　近光灯：20~55	白色

续上表

名称	图例	位置	使用	功率(W)	光色
日间行车灯		汽车头部两侧	日间行车灯一般安装在前保险杠两侧,在白天是一种辨识度很高的灯具。日间行车灯不是为了让驾驶人更容易看到路面,能提高汽车的辨识度,它属于一种信号灯。日间行车灯让人看来会更酷、更炫它,也属于一种装饰性灯	10~30	白色
静态弯道辅助灯	普通车灯 带有辅助照明的车灯	静态弯道辅助灯	又称静态辅助照明;是在不改变前照灯的照明范围下给其车的一侧提供额外的照明;在某种程度上来讲静态辅助照明还可以起到对AFS功能补充增强的作用	45	白色
转向灯		汽车头部、侧部和尾部	转向灯一般安装在汽车的车头、车尾两侧的前照灯里,两侧翼子板或者后视镜上。向车辆和行人表示行驶趋势	21	淡黄色
危险警报灯		汽车头部、侧部和尾部	俗称"双闪"警惕车辆行人,注意安全。表示车辆有紧急状况	21	淡黄色
示廓灯		汽车头部和尾部	又称示宽灯、位置灯,俗称小灯。有警示车辆轮廓之意,所以示廓灯是一种警示标志灯,用来提醒其他车辆。这种灯一般安装在顶部边缘处,这样可以同时表示汽车的高度和宽度;安全标准规定车辆高于3m必须安装示廓灯	5	前白色或者黄色;后红色
雾灯		汽车头部和尾部	装在车头的是前雾灯,车尾的是后雾灯。主要用于雾天、雨天等极端天气下,来改善道路照明情况	前雾灯:45 后雾灯:20	前黄色后红色
门把手灯		汽车头部和尾部	门把手灯在夜晚视线差的情况下便于驾驶人找到门把手,装饰性效果佳	—	白色

续上表

名称	图例	位置	使用	功率(W)	光色
制动灯		汽车尾部	俗称"刹车灯",它一般安装在汽车尾部或者汽车后风窗玻璃上。踩下制动踏板时它会发出耀眼的红色,以示制动	21	红色
驻车灯		车头车尾和两侧	安装于车头、车尾两侧,要求从车头、车尾150m外能确定灯光信号,警示车辆及行人注意避让,以防碰撞	3	前白后红
倒车灯		汽车尾部	用于照亮车后路面,并警告车后的车辆和行人,表示该车正在倒车	16或21	白色
牌照灯		汽车尾部牌照上方或左右两侧	安装在汽车尾部车牌上方或者两侧,用来照明车辆后方牌照,让行人在车尾20m左右的距离能看清牌照上的文字、数字	5~10	白色
多彩底盘灯		汽车底盘边缘一周	一般底盘灯多采用白、蓝、黄、红、紫等多种颜色。主要用于装饰底盘	—	白色和蓝色

二、汽车内部装饰灯

汽车内部装饰照明灯类型及使用见表3-3-2。

汽车内部装饰照明灯类型使用　　　　表3-3-2

名称	图例	位置	使用	功率(W)	光色
迎宾踏板灯		汽车门框底边上	一般安装在车辆进入驾驶室的底边上,白天能起到装饰性效果,晚上方便行人上下车辆	3~5	白色或红色或蓝色

续上表

名称	图例	位置	使用	功率(W)	光色
门灯		汽车车门的下端	一般安装在车门的左、右下角，光色为红色。夜间打开车门时，灯自然亮起，警示告知车辆、行人避让以免发生危险	5~15	白色
阅读灯		乘客座位前部或顶部	装于乘员的前部或者顶部，能为乘员读书提供足够的灯光，不会对驾驶人产生眩晕的感觉，照明的范围较小	5	白色
点火开关灯		发动机起动开关位置	一般安装在转向盘的右下侧，点火开关上。用于夜间或者光线昏暗的时候，能帮助驾驶人更快地找到点火开关的位置。一般颜色为蓝色或者红色，还能增加车内的氛围	—	蓝色或红色
车内氛围灯		汽车驾驶室内	一般装在两侧车门，车顶，前排座椅下，有很多种颜色，主要用于改善车内氛围，为了使车厢在夜晚时成为更加绚丽，更潮流的空间	—	蓝色或红色或白色等
仪表灯		仪表板上	用于夜间照明仪表板，使驾驶人能够更快地看清楚仪表。尾灯亮时，仪表灯也同时会亮	2	白色
化妆镜灯		遮阳板上	安装在遮阳板上，打开镜子的屏护时，灯自然亮起。能为司乘人员提供照镜子时所需要的光源	3	白色
行李舱灯		汽车行李舱内	一般安装在行李舱的两侧或者顶部，开启行李舱时灯光自然亮起，在光线不充足的地方，照亮行李舱空间，方便司乘人员装卸物品	5	白色
工作灯		发动机罩上	为发动机检修提供光源	8~20	白色

三、汽车前照灯种类

1. 前照灯标准

汽车前照灯一般又称前大灯,装于汽车前部两侧,在视野光线不良的情况下为驾驶人员提供道路照明。由于前照灯对于夜间行车具有决定性的意义,各国交通管理部门对于前照灯要求具有以下严格标准:

(1)前照灯应保证前方有明亮而均匀的灯光,能保证让驾驶人辨别前方150m内的任何路障。以保障驾驶人有充足的反应时间,提高行驶安全性。随着汽车的行驶速度越来越高,对于汽车灯光照射距离的要求也会越来越远。

(2)前照灯应该具有防炫目功能,以防夜间行车、会车时发生交通危险。

2. 汽车四种前照灯

1)卤素灯

(1)什么是卤素灯。卤素灯(英文:halogen lamp),简称卤素灯泡,又称卤钨灯泡、石英灯泡,是白炽灯的一种,如图3-3-1、图3-3-2所示。

图3-3-1 卤素灯泡

图3-3-2 卤素前照灯

(2)卤素灯的原理。卤素灯的基本发光原理是给钨制灯丝导通足够的电流,使灯丝发热至白炽状态而发出光亮。卤素灯的玻璃外壳中充有一些卤族元素气体,一般为碘或者溴,这些卤族元素的存在可以减缓钨制灯丝在高温下的损耗,延长灯丝寿命的同时,也使灯丝可以工作在更高的温度下,从而获得更高的亮度、色温和发光效率。目前大多数轿车上的前照灯都采用卤素灯。

(3)卤素灯的优缺点。

优点:结构简单,成本较低。亮度容易控制和调整。灯光显色性好,穿透力强。

缺点:与氙气灯相比发光效率低,大部分能量以热的形式散失。

2)氙气灯

(1)氙气灯型号。氙气灯按照型号分为H系列、90系列和D系列。

① H系列:H1、H3、H4、H6、H7、H8、H9、H10、H11、H13等。

② 90系列:9004(HB1)、9005(HB3)、9006(HB4)、9007(HB5)等。

③ D系列:D1S、D1R、D2R、D2C、D3C、D4C等。

汽车改装时应用较多的是H1、H4、H7、9005(HB3)、9006(HB4)、9007(HB5)等型号。

(2)什么叫氙气灯。氙气灯(High intensity Discharge)是指内部充满包括氙气在内的惰性气体混合体,没有卤素灯(halogen lamp)所具有的灯丝的高压气体放电灯,简称HID氙气灯。氙气灯又称 HID 气体放电式头灯，如图 3-3-3、图 3-3-4 所示。

图 3-3-3　氙气灯泡　　　　　　　　图 3-3-4　氙气前照灯

（3）氙灯的原理。汽车氙气前照灯利用配套电子镇流器，将汽车电池提供的12V直流电通过振荡电路转变为较高频率的交流电，启动瞬间通过升压变压器提升到23kV以上的触发电压，将氙气前照灯中的氙气电离形成电弧放电，通过灯泡里面的金属卤化物蒸发使电弧稳定发光，为汽车提供稳定的前照灯照明系统。

（4）氙气灯优点。

① 亮度的单位是流明，流明越大亮度越高。一般55W的卤素灯只能产生1000~3000流明的光，而35W或55W的HID氙气灯能产生3200流明以上的光，亮度是卤素灯的3倍以上，拥有超长及超广角的宽广视野，为驾驶者带来前所未有的驾车舒适感；使驾驶人的视野更清晰，大大减少行车事故发生概率。

② 色温高。HID灯可以制造出4000~12000K的色温光，6000K接近正午日光的颜色，人眼的接受度及舒适度最高。

③ 寿命长。HID是利用电子激发气体发光的，并无钨丝，因而寿命长，一组HID气体放电灯大约为3000h。

④ 恒定输出，安全可靠。当汽车的供电系统和电池出现故障，镇流器自动关闭停止工作，极大地减少夜间行车事故。

3）LED车灯

（1）LED组成。单个LED灯是由金线、LED芯片、反射环、阴极导线、塑料导线、阳极导线组成。LED灯珠如图3-3-5所示，LED前照灯如图3-3-6所示。

图 3-3-5　LED灯珠　　　　　　　　图 3-3-6　LED前照灯

（2）LED 灯原理。LED（Light Emitting Diode），发光二极管，是一种固态的半导体器件，它可以直接把电转化为光。LED 的心脏是一个半导体的晶片，晶片的一端附在一个支架上，一端是负极，另一端连接电源的正极，使整个晶片被环氧树脂封装起来。半导体晶片由两部分组成，一部分是 P 型半导体，在它里面空穴占主导地位，另一端是 N 型半导体，在这边主要是电子。但这两种半导体连接起来的时候，它们之间就形成一个 "P–N 结"。当电流通过导线作用于这个晶片的时候，电子就会被推向 P 区，在 P 区里电子跟空穴复合，然后就会以光子的形式发出能量，这就是 LED 发光的原理。而光的波长也就是光的颜色，是由形成 P–N 结的材料决定的。

（3）LED 前照灯的优点。

①节能、成本低。LED 前照灯的发光效率高，是荧光灯的近两倍。在汽车上，同样的日间行车灯，LED 元件的能耗仅为卤素灯的 1/20。

②寿命超长。目前汽车上使用的 LED 前照灯能达到 5 万~10 万小时，在整车的设计寿命里，不需要更换 LED 元件。

③耐用性好。LED 前照灯结构简单，抗冲击性、抗振性非常好，不易破碎，能够很好地适应各种环境。

④LED 前照灯紧凑，便于布置和造型设计：这是 LED 的一个巨大优势，这一优势充分迎合了汽车厂商在设计上的进化需求，打破过去灯光系统对造型创新的束缚，让我们拥有更具创意的汽车产品。

⑤响应速度快。LED 的点亮仅需微秒级别，用在前照灯上，相比氙气前照灯和卤素前照灯拥有更高的响应速度，对于行车安全性有更好的保障。

⑥亮度衰减低。LED 亮度高，光线亮度衰减远低于卤素灯。

⑦低压直流电即可驱动，负载小，干扰弱，对使用环境要求低，适应性好。LED 电子元件只需要直流低压 12V 就可点亮，LED 前照灯安全性更高，适应性更好。

4）激光前照灯

激光前照灯的优点：响应速度快、节能、体积小、寿命长、亮度衰减低。在能耗和体积方面则比 LED 有更大的优势。激光灯珠如图 3-3-7 所示，激光前照灯如图 3-3-8 所示。

图 3-3-7　激光灯珠　　　　　　　　图 3-3-8　激光前照灯

激光前照灯的工作原理是激光二极管的蓝光灯会贯穿前照灯单元内有荧光的荧光粉材料，将其转换成一个扩散的白光，明亮的同时对眼睛也更加友好。

激光前照灯在体积方面更具有优势，单个激光二极管元件的长度已经可以做到 10μm，仅为常规 LED 元件尺寸的 1/100，这意味着，只要设计师愿意，传统汽车的前照灯的尺寸可以大幅度缩小，这也许将为汽车前脸上各个元素的设计比例带来革命性的变化。由于激光前照灯技术要求很高，到目前为止只有奥迪、宝马两家车厂使用了激光前照灯。

第三节　汽车装饰性照明灯安装

一、安装阅读灯

1. 注意事项

（1）阅读灯拆卸前，认真阅读相关车辆维修手册。

（2）对于未拆卸过的阅读灯，严禁蛮干损坏阅读灯。

（3）拆卸时，禁止使用钢铁制翘板，防止损坏灯罩。

（4）严禁带电开灯拆卸灯泡，防止烫伤。

（5）安装时，清洁灯罩，防止灯光暗淡、变色。

2. 准备工作

（1）将车辆停放在指定的施工工位，并确认驻车制动器操纵杆拉起、挡位复位、发动机熄火。

（2）检查汽车外观和内饰件，发现损伤部位进行登记，告知车主并进行签字确认。

（3）工具：翘板一套；材料：纸胶带一卷，阅读灯（根据车辆原有数量准备）。

（4）穿戴好工作服、手套、安全鞋。

（5）安装内饰防护三件套。

3. 拆卸阅读灯

（1）关闭门控开关，并自然冷却阅读灯，如图3-3-9所示。

（2）使用纸胶带对灯罩周边位置进行防护，如图3-3-10所示。

图3-3-9　阅读灯　　　　　　图3-3-10　纸胶带防护

（3）观察阅读灯灯罩卡扣位置，使用小撬对准卡扣点撬开，并取下灯罩，如图3-3-11、图3-3-12所示。

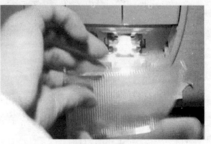

图3-3-11　拆卸灯罩　　　　　　图3-3-12　取下灯罩

（4）根据阅读灯灯泡结构，取下灯泡，如图3-3-13所示。

4. 安装LED阅读灯

（1）安装LED阅读灯电源线，并检查安装到位，如图3-3-14所示。

图3-3-13　取下灯泡

图3-3-14　连接电源线

（2）打开开关进行测试LED阅读灯是否能够正常开启关闭，如图3-3-15所示。

（3）确定正常后，安装灯罩，如图3-3-16所示。

图3-3-15　开启阅读灯

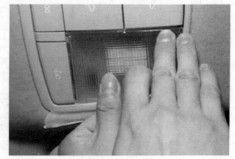

图3-3-16　安装灯罩

（4）去除阅读灯周围防护纸胶带，并清洁残留胶，如图3-3-17所示。

5. 检查交付

阅读灯安装完成后，打开阅读灯ON开关和门控开关，查看阅读灯是否能够正常点亮，检查阅读灯灯罩安装是否到位，表面是否清洁，如图3-3-18所示。

图3-3-17　清除纸胶带

图3-3-18　阅读灯检查

检查完成后，拆卸内饰防护三件套，交付车主。

6.6S管理

收拾工具，清理场地。

二、加装氛围灯

1. 注意事项

（1）操作过程中，严禁带电操作。

（2）在制作线路时，测量出标准长度，并多裁出5~10cm，防止导线在安装时过短。

（3）安装LED氛围灯时，严禁影响其他导线与螺钉，并使用热风枪加热自粘胶，固定牢固。

（4）电路连接时，牢固固定插头，防止松脱。

（5）前保险杠LED氛围灯安装，注意远离高温。

（6）室外LED氛围灯安装，严禁电源线悬挂。

2. 加装室内氛围灯

1）准备工作

（1）将车辆停放在指定的施工工位，并确认驻车制动器操纵杆拉起、挡位复位、发动机熄火。

（2）请车主清理车内贵重物品，并告知车主贵重物品以免损坏或丢失。

（3）检查汽车外观和内饰件，发现损伤部位进行登记，告知车主并进行签字确认。

（4）穿戴好工作服、手套、安全鞋。

（5）安装车内防护三件套。

（6）工具：翘板1套、剥线钳1把、试灯或万用表1个、电烙铁1套；材料：纸胶带1卷、电工胶布1卷、导线8m、开关1个、熔断丝和熔断丝座1套、扎带若干个、插片端子若干个、塑料公母接头4个、线束保护管4m、收缩软管0.5m、无损接线器线卡子4个、LED长条灯4个。

（7）测试LED长条灯。

2）安装氛围灯

（1）查看原车电路图，找到门控开关控制阅读灯线路。

使用试灯或万用表在阅读灯关闭状态下，测量出常电和负极线路。打开阅读灯门控开关，测量并确认门控开关控制阅读灯线路。当关闭车门时，发动机未起动前，门控开关具有延时功能，当打开电源开关(ON)时，门控阅读灯立刻关闭。

（2）导线制作。

①测量室内氛围灯安装位置线路距离，如图3-3-19所示。

②使用剥线钳制作公母插头。

③制作开关：使用电烙铁加固导线和开关的连接，热缩管进行绝缘。

④在开关的电源输入端制作熔断丝座，如图3-3-20所示。

图3-3-19　线路测量

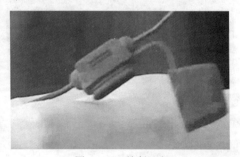
图3-3-20　熔断丝座

(3)导线布置。

①关闭点火开关,并拔出钥匙。

②拆卸正驾驶下护板和门边脚踏板,如图3-3-21、图3-3-22所示。

图 3-3-21　拆卸下护板　　　　　　图 3-3-22　拆卸脚踏板

③安装固定开关。(开关一般安装在转向盘左边的开关闲置位置或变速杆周边开关闲置位置。如果开关与原车不匹配可根据开关大小钻孔固定。)

④使用无损接线器线卡子连接阅读灯门控电源线。

⑤把电源线延伸到副驾驶和前座位底部位置,并安装线束保护管,使用电工胶布包扎,如图3-3-23所示。

(4)安装室内氛围灯。

①氛围灯有带胶和不带胶之分,不带胶需要使用3M双面胶进行粘贴,如图3-3-24所示。

图 3-3-23　装排电源线

②前氛围安装在仪表台下面,使用热风枪加热双面胶粘贴固定,如图3-3-25、图3-3-26所示。后氛围灯安装在两个前座椅下面的靠后位置并用扎带固定,如图3-3-27所示。(考虑氛围灯导线不能影响座椅移动,需预留出导线。)

图 3-3-24　粘贴双面胶　　　　　　图 3-3-25　加热双面胶

图 3-3-26　粘贴前排氛围灯　　　　图 3-3-27　粘贴后排氛围灯

③连接四个部位氛围灯插座，并固定牢固，导线与线束使用扎带固定。

④恢复正驾驶下护板和门边脚踏板，如图3-3-28、图3-3-29所示。

图3-3-28　安装下护板

图3-3-29　安装脚踏板

图3-3-30　测试氛围灯

3）氛围灯调试

（1）使用遥控器锁止汽车车门，随后按解锁键，打开车门，并通过车窗观察四个LED氛围灯是否点亮。如果不亮，进行检测插头电压，或更换LED氛围灯，如图3-3-30所示。

（2）使用门控灯挡位，打开LED氛围灯控制开关，观察四个LED氛围灯是否同时点亮，亮度是否一致。如果亮度不一致，检查LED氛围灯并更换。

4）恢复场地

（1）填好保修书，一并将车交付给车主。

（2）整理工具和场地卫生，严格贯彻6S标准。

3. 加装室外氛围灯（俗称汽车底盘灯）

1）准备工作

（1）将车辆停放在指定的施工工位，并确认驻车制动器操纵杆拉起、挡位复位、发动机熄火。

（2）请车主清理车内贵重物品，并告知车主贵重物品以免损坏或丢失。

（3）检查汽车外观和内饰件，发现损伤部位进行登记，告知车主并进行签字确认。

（4）穿戴好工作服、手套、安全鞋。

（5）安装车内防护三件套。

（6）设备：立柱举升机1台；工具：翘板1套、剥线钳1把、试灯或万用表1个、电烙铁1套；材料：电工胶布1卷、导线8m、熔断丝和熔断丝座一套、扎带若干个、插片端子若干个、塑料公母接头4个、线束保护管4m、收缩软管0.5m、无损接线器线卡子4个、LED长条灯4个。

（7）测试LED长条灯。

2）安装室外氛围灯

（1）查找室内熔断丝盒，找出示宽灯控制熔断丝；或者查看电路图，找出示宽灯控制线。

旋转钥匙开关至ON挡，打开示宽灯开关，使用试灯或万用表测量出电源线。关闭示宽灯开关，拔出钥匙。

（2）导线制作。

①测量室外氛围灯四个安装位置线路距离，并根据测量尺寸裁剪电源线，每根电源线多出5~10cm。

②使用剥线钳制作公母插头。

③在电源输入端制作熔断丝座。

（3）导线布置。

①关闭点火开关，并拔出钥匙。

②拆卸正驾驶侧脚踏板。

③拆卸左右前轮挡泥板。

④使用无损接线器线卡子连接示宽灯电源线。

⑤把电源线延伸到正、副驾驶底盘及前、后保险杠位置。

⑥在电源线裸露位置安装线束保护管，并使用电工胶布包扎。

（4）安装室外氛围灯，如图3-3-31所示。

①氛围灯有带胶和不带胶之分，不带胶需要使用3M双面胶进行粘贴或者使用扎带固定。

②LED氛围灯安装在汽车底盘两侧（图3-3-32），使用热风枪加热双面胶粘贴固定或者使用扎带固定。

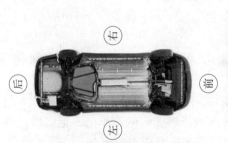

图3-3-31 室外氛围灯安装位置图

图3-3-32 底盘两侧安装位置

③安装前、后保险杠LED氛围灯（图3-3-33）。前保险杠粘贴或扎带固定LED氛围灯时，严禁靠近散热器和发动机，防止高温损坏LED氛围灯。后保险杠粘贴或扎带固定LED氛围灯时，严禁电源线悬挂，防止挂断。

④连接四个部位LED氛围灯插座，并固定牢固，导线与线束之间使用扎带固定。

⑤恢复正驾驶侧脚踏板和左右前轮挡泥板。

3）氛围灯调试

旋转钥匙开关至ON挡，打开示宽灯开关，查看四个LED氛围灯是否点亮，亮度是否均匀一致，点亮时间是否相同（图3-3-34）。如果存在问题，进行检测插头电压，或更换LED氛围灯。

4）恢复场地

（1）填好保修书，一并将车交付给车主。

（2）整理工具和场地卫生，严格贯彻6S标准。

图 3-3-33　底盘前后安装位置　　　　　图 3-3-34　底盘氛围灯

三、氙气灯或 LED 前照灯安装

更换氙气灯或者 LED 前照灯时，选择与原车灯灯座相同的车灯安装，防止破坏原车灯附件，避免发生车罩进水、进尘，引发安全事故。

1. 氙气灯或 LED 前照灯安装注意事项

（1）前照灯安装前，先进行通电测试，以防出现质量问题。

（2）氙气灯安装过程中，禁止打开前照灯开关，防止高压伤人及损坏汽车电器件。

（3）严禁手指直接接触氙气灯灯管或 LED 灯灯珠，手指污渍在灯管或灯珠中留下痕迹影响灯泡散热及灯体使用寿命。

（4）安定器安装位置一般选择安全性、干燥性、通风性、散热性较好的部位，防止潮湿、温度过高影响安定器工作性能，产生安全隐患。安定器工作元件最佳的工作温度在 −20~75℃，发动机舱温度一般都在 90℃以上。

（5）安装检查各插接口，保证各插接口绝缘、防水，连接牢固。防止插接口漏电，影响蓄电池使用寿命。

（6）安定器安装固定牢固，防止挤压或晃动，影响其工作性能。

（7）严禁缠绕安定器输出导线，防止因绝缘或磁场过大影响汽车的其他电气设备。

（8）氙气灯或 LED 前照灯安装完毕后，根据国家标准调整灯光焦距，防止前照灯散光或者灯光过高，影响行车安全。

2. 准备工作

（1）将车辆停放在指定的施工工位，并确认驻车制动器操纵杆拉起、挡位复位、发动机熄火。

（2）请车主清理车内贵重物品，并告知车主贵重物品以免损坏或丢失。

（3）检查汽车外观和内饰件，发现损伤部位进行登记，告知车主并进行签字确认。

（4）工具和材料准备。（查看工具栏）

（5）穿戴好工作服、手套、安全鞋。

（6）安装车外翼子板防护垫和内饰三件套。

（7）清洁前照灯外部污渍（先使用吹风枪吹去前照灯表面浮尘，再使用毛巾擦去表面的污垢）。

3. 拆卸原车灯灯泡

（1）关闭前照灯开关和车钥匙电源开关，打开发动机罩，自然冷却灯泡，如图 3-3-35、

图3-3-36所示。

（2）拆卸原车灯泡，如图3-3-37、图3-3-38所示（根据实车灯泡类型进行拆卸）。

图3-3-35　前照灯开关

图3-3-36　冷却灯泡

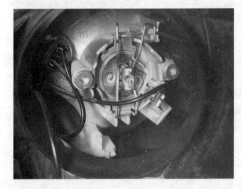

图3-3-37　松开卡扣

图3-3-38　取出灯泡

4. 氙气灯或LED灯测试

（1）根据车主选择的产品，对产品外观进行检查，如图3-3-39、图3-3-40所示。

图3-3-39　型号对比

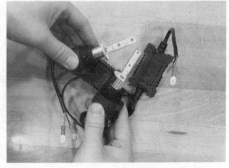

图3-3-40　检查外观

（2）关闭汽车电源，并拔出钥匙，如图3-3-41所示。

（3）连接电源端与氙气灯或LED灯插头，并放置安全部位，如图3-3-42所示。

（4）插入汽车钥匙并转至ON挡，打开前照灯开关，测试灯光，如图3-3-43所示。

（5）确认氙气灯或LED灯无质量问题，关闭钥匙，拆除插头线束，并安全放置，如图3-3-44、图3-3-45所示（严禁手接触灯芯或灯管，以防烫伤）。

图 3-3-41　拔出钥匙

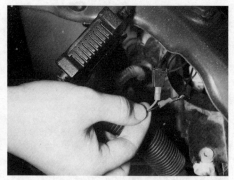

图 3-3-42　连接电源线

图 3-3-43　LED 灯测试

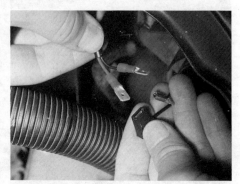

图 3-3-44　断开电源线

5. 连接氙气灯线束

氙气灯示意图如图 3-3-46 所示。

图 3-3-45　安全存放

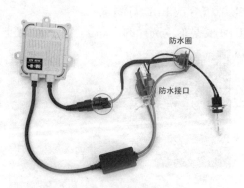

图 3-3-46　氙气灯示意图

（1）使用手电钻及专用钻头在汽车前照灯防护罩的中心圆位置钻一个直径 2cm 左右的圆孔，如图 3-3-47、图 3-3-48 所示。

（2）氙气灯的线束从防尘罩的圆孔位置穿入，并将线束和前照灯供电端插头安全牢固连接。（部分型号的氙气灯线束不一样，根据选用灯泡型号确定线束连接。部分氙气灯需要外接 12V 电源和搭铁。）

（3）连接安定器的输入端和输出端插座，并安全牢固连接。

第三单元　车身电器的加装

图 3-3-47　专用钻头

图 3-3-48　防护罩开孔

（4）合理布置两氙气灯之间的线束，使用扎带固定牢固，并避开高温区域。

（5）使用螺钉牢固固定安定器。安定器安装在离发动机、散热器等水、热源较远的地方，否则，温度过高会影响安定器的性能，过湿会致安定器漏电和老化；安定器安装的稳定性会对氙气灯的使用效果产生很大影响。

安定器一定要安置于透气性和散热性较好的位置。

6. 安装氙气灯或 LED 前照灯

（1）安装前佩戴质量较好、干净的棉质手套，如图 3-3-49 所示。

（2）将氙气灯直接装入灯座，并牢固固定。或选用配套灯型的 LED 前照灯，直接安装固定，并与原车车灯插座连接，恢复防护罩即完成安装，如图 3-3-50~ 图 3-3-53 所示。

图 3-3-49　穿戴手套

图 3-3-50　安装 LED 前照灯

图 3-3-51　电源线绝缘

图 3-3-52　安装防护罩

图 3-3-53　恢复防护罩

图3-3-54 灯光调试

7. 灯光调试

（1）检查氙气灯或LED灯安装、线束连接无误后，起动发动机，接通电源点亮前照灯，如图3-3-54所示。

（2）检查前照灯射出的光束高度、距离及光形，根据我国法律法规的要求做出调整，使之符合法律法规。

8. 安全检查

（1）检查线束插头的连接状况。

（2）检查防尘罩安装是否牢固、防水防尘。

（3）检查电源适配器和安定器安装是否牢固。

（4）检查线路布置是否有遗漏，是否合理，扎带是否扎紧。

（5）检查发动机舱内是否有工具遗漏，确保发动机舱内无遗留工具。

9. 恢复场地

（1）填好保修书，一并将车交付给车主。

（2）整理工具和场地卫生，严格贯彻6S标准。

四、一体化氙气灯安装

随着现代化科技的高速的发展，目前车灯制造厂已经研发出氙气灯与安定器一体化灯泡，此种灯泡专车专用，易于安装，安全系数高，抗干扰能力强。是今后车灯的发展趋势。

（1）检查车辆，安装室外和内饰防护三件套。

（2）打开发动机罩，并自然冷却前照灯。

（3）逆时针旋转前照灯防护盖，拆下车灯防护盖，并根据灯泡固定方式松开并取出原车灯泡。

（4）检查比对一体化氙气灯灯泡，查看其灯泡、结构、卡扣、安定器是否与原车符合。

（5）将专车专用的同型号的一体化氙气灯灯泡装入车辆前照灯灯座内，固定牢固。

（6）车辆电源线与安定器接线插头插接完好，特殊情况使用绝缘胶带再次绝缘包扎。

（7）检查连线和灯泡固定无误后，打开车辆灯光控制开关，测试灯光正常点亮，光线均匀，照射高度、距离符合国家法律法规即可。

（8）安装前照灯防护盖，关闭发动机罩。

（9）整理工具，打扫场地卫生，严格贯彻6S标准。

1. 更换LED倒车灯和制动灯。

2. 写出日间行车灯安装操作流程。

3. 写出汽车前照灯透镜的安装操作流程，以及法律法规。

 考核评价

阅读灯安装考核评价见表3-3-3。

阅读灯安装考核评价表　　　　　　　　　　　　　　表3-3-3

班级：　　　班第　　　组　小组成员：　　　　　　日期：　　年　月　日

序号	考核内容	考 核 要 点	分数	学生自评	小组评价	教师评价	备注
1	劳保穿戴	（1）未穿工作服扣2分 （2）未戴棉纱手套扣2分 （3）未穿劳保鞋扣2分	6				
2	团队意识	（1）不能相互协助扣5分 （2）不能顾全大局扣5分	10				
3	阅读灯安装准备工作	（1）工具准备不齐全，每少一种扣1分 （2）未检查车身外观和内饰件损伤扣2分 （3）检查未做记录扣2分 （4）未安装内饰防护三件套扣2分	8				
4	阅读灯安装实施操作	（1）未阅读维修手册扣5分 （2）未自然冷却灯泡扣2分 （3）未使用纸胶带防护扣3分 （4）翘板使用不规范扣2分 （5）阅读灯灯罩未完全取下来扣1分 （6）阅读灯灯罩取下损坏扣3分 （7）阅读灯灯罩内部未清洁扣2分 （8）未取下阅读灯灯泡扣2分 （9）阅读灯灯泡取下后损坏扣3分 （10）LED阅读灯安装不到位扣2分 （11）LED阅读灯安装未测试扣2分 （12）阅读灯灯罩安装未到位扣2分 （13）未去除防护纸胶带扣2分 （14）未去除内饰防护套扣2分 （15）未清洁阅读灯灯罩扣2分	36				
5	阅读灯安装检查结果	（1）阅读灯灯罩变形或缝隙过大扣5分 （2）阅读灯表面未清洁干净扣4分 （3）阅读灯表面有残胶扣4分 （4）阅读灯不能正常点亮扣7分	20				
6	现场整理	（1）现场工具、用品使用凌乱扣5分 （2）现场整洁有序，符合6S标准，不符合扣5分	10				
7	安全规范	现场出现违规、危险操作安全隐患扣10分	10				
8		总　　分	100				30%+30%+40%=实际得分
9	小组组长签字：	教师签字：					实际得分：

室内氛围灯安装考核评价见表3-3-4。

室内氛围灯安装考核评价表

表3-3-4

班级： 班 第 组 小组成员： 日期： 年 月 日

序号	考核内容	考核要点	分数	学生自评	小组评价	教师评价	备注
1	劳保穿戴	（1）未穿工作服扣2分 （2）未戴棉纱手套扣2分 （3）未穿劳保鞋扣2分	6				
2	团队意识	（1）不能相互协助扣5分 （2）不能顾全大局扣5分	10				
3	氛围灯安装准备工作	（1）工具准备不齐全，每少一种扣1分 （2）未检查车身外观和内饰件损伤扣2分 （3）检查未做记录扣2分 （4）氛围灯未测试扣2分 （5）未安装内饰防护三件套扣2分	10				
4	氛围灯安装实施操作	（1）未阅读汽车电路图扣3分 （2）未使用试灯或万用表查找线路扣2分 （3）未拆卸蓄电池负极扣2分 （4）未测量氛围灯安装尺寸扣1分 （5）未使用电烙铁焊接开关扣2分 （6）电源正极端，未加装熔断丝扣2分 （7）未使用公母快速插头扣2分 （8）未拆卸门边脚踏板扣2分 （9）固定开孔过大扣2分 （10）开关固定不牢固扣1分 （11）未使用接线器线卡子连接电源线扣2分 （12）未使用线束保护管保护导线扣1分 （13）未使用热风枪加热双面胶扣2分 （14）氛围灯安装固定牢固，如有掉落扣2分 （15）氛围灯插座安装不到位扣2分 （16）氛围灯电源线未使用扎带固定牢固扣1分 （17）安装门板脚踏板变形或损坏扣2分 （18）未检查调试扣3分	34				
5	氛围灯安装检查结果	（1）门板脚踏板复位，变形或缝隙过大扣2分 （2）开关安装松动扣1分 （3）座椅底部电源线过短扣2分 （4）氛围灯粘贴不牢固扣2分 （5）氛围灯粘贴影响其他附件扣3分 （6）打开车门，门控开关不能立刻点亮氛围灯扣2分 （7）氛围灯安装后，部分灯珠不亮扣3分 （8）氛围灯电源线固定，影响其他功能或存在安全隐患扣5分	20				
6	现场整理	（1）现场工具、用品使用凌乱扣5分 （2）现场整洁有序，符合6S标准，不符合扣5分	10				
7	安全规范	现场出现违规、危险操作安全隐患扣10分	10				
8	总 分		100				30%+30%+40%= 实际得分
9	小组组长签字：	教师签字：					实际得分：

室外氛围灯安装考核评价见表3-3-5。

室外氛围灯安装考核评价表 表3-3-5

班级： 班 第 组 小组成员： 日期： 年 月 日

序号	考核内容	考 核 要 点	分数	学生自评	小组评价	教师评价	备注
1	劳保穿戴	（1）未穿工作服扣2分 （2）未戴棉纱手套扣2分 （3）未穿劳保鞋扣2分	6				
2	团队意识	（1）不能相互协助扣5分 （2）不能顾全大局扣5分	10				
3	氛围灯安装准备工作	（1）工具准备不齐全，每少一种扣1分 （2）未检查车身外观和内饰件损伤扣2分 （3）检查未做记录扣2分 （4）氛围灯未测试扣2分 （5）未安装内饰防护三件套扣2分	10				
4	氛围灯安装实施操作	（1）未阅读汽车电路图扣3分 （2）未使用试灯或万用表查找线路扣2分 （3）未拆卸蓄电池负极扣2分 （4）未测量氛围灯安装尺寸扣1分 （5）电源正极端，未加装熔断丝扣2分 （6）未使用公母快速插头扣2分 （7）未拆卸门边脚踏板扣2分 （8）未拆卸前轮挡泥板扣2分 （9）未使用接线器线卡子连接电源线扣2分 （10）未使用线束保护管保护导线扣1分 （11）未使用电工胶布包扎线束保护管扣1分 （12）未使用热风枪加热双面胶扣2分 （13）氛围灯安装固定牢固，如有掉落扣2分 （14）氛围灯插座安装不到位扣2分 （15）氛围灯电源线未使用扎带固定牢固扣1分 （16）安装门板脚踏板变形或损坏扣2分 （17）未检查调试扣3分	34				
5	氛围灯安装检查结果	（1）门板脚踏板复位，变形或缝隙过大扣2分 （2）开关安装松动扣1分 （3）座椅底部电源线过短扣2分 （4）氛围灯粘贴不牢固扣2分 （5）氛围灯粘贴影响其他附件扣3分 （6）打开示宽灯开关不能立刻点亮氛围灯扣2分 （7）氛围灯安装后，部分灯珠不亮扣3分 （8）氛围灯电源线固定，影响其他功能或存在安全隐患扣5分	20				
6	现场整理	（1）现场工具、用品使用凌乱扣5分 （2）现场整洁有序，符合6S标准，不符合扣5分	10				
7	安全规范	现场出现违规、危险操作安全隐患扣10分	10				
8	总 分		100				30%+30%+40%= 实际得分
9	小组组长签字： 教师签字：						实际得分：

氙气灯或 LED 前照灯安装考核评价见表3-3-6。

氙气灯或LED前照灯安装考核评价表　　　　表3-3-6

| 班级： | 班 第 组 | 小组成员： | | 日期： | | 年 月 日 |

序号	考核内容	考核要点	分数	学生自评	小组评价	教师评价	备注
1	劳保穿戴	（1）未穿工作服扣2分 （2）未戴棉纱手套扣2分 （3）未穿劳保鞋扣2分	6				
2	团队意识	（1）不能相互协助扣5分 （2）不能顾全大局扣5分	10				
3	氙气灯或LED灯安装准备工作	（1）工具准备不齐全，每少一种扣1分 （2）未检查车身外观和内饰件损伤扣2分 （3）检查未做记录扣2分 （4）未清洁前照灯外部污渍扣2分 （5）未安装内饰防护三件套扣2分	10				
4	氙气灯或LED灯安装实施操作	（1）未阅读汽车维修手册扣3分 （2）未关闭前照灯和钥匙电源开关扣2分 （3）灯泡未冷却扣2分 （4）灯泡取出损坏扣2分 （5）氙气灯或LED灯未固定扣2分 （6）安装前，未测试氙气灯或LED灯扣2分 （7）测试氙气灯或LED灯时，存在安全隐患扣3分 （8）未使用手电钻钻孔扣2分 （9）未固定密封防护罩圆孔扣2分 （10）电源线与搭铁未连接扣2分 （11）安定器安装位置靠近散热器或蓄电池扣3分 （12）安定器未固定牢固扣2分 （13）氙气灯或LED灯线束未固定扣2分 （14）未调试灯光高度扣3分 （15）未拆卸内饰防护三件套扣2分	34				
5	氙气灯或LED灯安装检查结果	（1）氙气灯或LED灯不能点亮扣5分 （2）氙气灯或LED灯光束高度过高或过低扣5分 （3）安定器安装位置存在安全隐患扣5分 （4）电源线散落未固定扣3分 （5）工具遗留在发动机舱扣2分	20				
6	现场整理	（1）现场工具、用品使用凌乱扣5分 （2）现场整洁有序，符合6S标准，不符合扣5分	10				
7	安全规范	现场出现违规、危险操作安全隐患扣10分	10				
8		总　　分	100			30%+30%+40%=实际得分	
9	小组组长签字：		教师签字：			实际得分：	

第四章　倒车雷达的加装

> **学习目标**
> ❖ 会规范使用手电钻；
> ❖ 安全、规范安装汽车倒车雷达；
> ❖ 会调试汽车倒车雷达。

第一节　倒车雷达安装工具

一、常规工具

世达工具108件套，世达(SATA)53件电信电工组套，手电钻，扭力扳手，万用表，汽车测电笔，壁纸刀，卷尺。

二、速拆辅助工具

大铁撬，大撬，中撬，小撬，平撬，钢针直钩，钢针弯钩，相反撬，卡扣起子。

三、材料

倒车雷达，电工胶带，美纹纸胶带，汽车扎带。

第二节　倒　车　雷　达

倒车雷达是一项集超声波、光电子、计算机自动数据处理为一体的高科技产品。它由超声波探测器、微机和显示器三部分组成，其工作原理是：利用超声波信号探测到车前、后障碍物，经过微机信号处理后，计算出车前后障碍物的距离，传至显示器，并利用数字、灯光、声音三种告警功能显示出来，使驾驶人根据显示出来的情况及时做出处理，避免事故发生。

一、倒车雷达的作用

提示驾驶人——车辆与障碍物的距离，防止车辆与障碍物相碰撞。

二、倒车雷达的分类

1. 根据探头数量

可分为两探头、三探头、四探头、六探头、八探头、十探头等。

2. 根据自身功能

可分为数显式、语音式、可视式、无线式和综合式，如图3-4-1~图3-4-5所示。

图 3-4-1　数显式

图 3-4-2　语音式

图 3-4-3　可视式

图 3-4-4　无线式

图 3-4-5　综合式

三、倒车雷达的安装方式

（1）内置式：安装在保险杠上，需在保险杠上钻孔。

（2）外置式：直接粘贴在保险杠上。

四、倒车雷达的组成

（1）探头：发出超声波信号，探测车辆前、后与障碍物之间的距离，如图 3-4-6 所示。

（2）主机：接收信号，经微机处理后发送到显示器，如图 3-4-7 所示。

（3）显示器：显示出主机发送来的数字、灯光信息或者影像，如图 3-4-8 所示。

图 3-4-6　探头　　　　　　　图 3-4-7　主机　　　　　　　图 3-4-8　显示器

五、倒车雷达的选择

1. 颜色方面

倒车雷达探头的颜色繁多，尽量选用与汽车油漆颜色一致的探头，以免影响美观。

2. 质量方面

按照相关产品说明书对倒车雷达进行距离测试（用卷尺测量雷达与障碍物之间的实际距离，与倒车雷达显示的数据是否一致），查看说明书中指示的各个区域，雷达反应是否与说明书相符合,雷达是否敏感,有无误报等问题;其次对探头进行防水测试(把探头放入水杯中或者使用矿泉水、自来水冲淋探头,能否正常工作)。

3. 功能方面

倒车雷达的功能可分为距离显示、声音提示报警、方位指示、语音提示、探头自动检测、影像可视等,部分产品还具备开机自检的功能。

4. 性能方面

倒车雷达的性能主要体现在探测范围、准确性、显示稳定性和捕捉目标速度。探测范围至少在0.4~1.5m(将障碍物通过不同角度切入探头的测试范围进行测试,每个探头的正常测试范围的夹角为90°)。准确性主要体现在两个方面:首先看显示分辨率,一般为10cm,好的能达到1cm;其次看探测误差,即显示距离与实际距离间的误差,质量较好的产品探测误差小于1cm。显示稳定性指在障碍物反射较差的情况下,能捕捉并稳定地显示出障碍物距离。捕捉目标速度反映倒车雷达对移动物体的捕捉能力。倒车雷达性能标准是:测得准、测得稳、范围宽和捕捉速度快。

5. 外观工艺方面

倒车雷达应在显示器和传感器安装后美观大方,与车辆相协调。例如:探头的颜色与保险杠的颜色保持一致,尺寸大小要合适。外形上,传感器一般有融合式和纽扣式两种,融合式传感器表面有造型变化,追求与前、后保险杠的自然过渡,而纽扣式传感器的表面一般是平的。显示器标准为清晰、美观。

第三节　倒车雷达安装操作流程

倒车雷达安装前,认真查阅《安装说明书》,各厂家倒车雷达部分数据不同。

一、施工前的准备工作

1. 工作人员准备

穿戴工作服、劳保鞋、棉纱手套。

2. 场地准备

需要用到的材料和工具,存放到工具车上。

3. 车辆检查

(1)车辆停放到平整的专用工位,拉起驻车制动器操纵杆、复位挡位、车辆熄火,拔出点火钥匙。

(2)检查车辆外观和内饰是否有损伤,若有损伤,进行登记记录,并告知车主进行签字确认(外观:车身油漆、车窗玻璃、轮毂轮胎等;内饰:仪表台、座椅、车门及电器开关等)。

(3)与车主共同清理车载物品,使用纸箱或塑料袋装好并妥善保管。

二、倒车雷达安装注意事项

(1)倒车雷达安装时,必须先试验倒车雷达,以免出现质量问题。

(2)倒车雷达安装时,车辆必须停放在平整的路面上或专用工位上。

(3)倒车雷达探头安装高度(车前:45~55cm,车后:50~60cm),避免安装过低,探测到地面,造成误报;安装过高,造成倒车雷达探测不到障碍物。

(4)探头安装方向,探头的背面都有一个 up 小箭头标志,箭头向上。

(5)探头安装必须要和车身比例协调,开孔间距要均匀,左右保持水平。

(6)探头连接线和探头必须远离排气管等高温物体,因排气管温度较高,距离过近会引起电路短路,损坏雷达主机或雷达系统失灵。

(7)当红色指示灯亮起且警告声为急促响声时,请立即停车,已接近障碍物。

(8)保持倒车雷达探头干净整洁,及时用水清除泥土或雪块,勿使用尖锐物、高压喷水枪或强性清洁剂清洗,以免造成损坏。

(9)倒车雷达的安装位置严格按照要求与主机相连,严禁随意安装,造成提示错误。

三、倒车雷达分部及电源线的连接

(1)两探头、三探头和四探头全部是安装在后保险杠上,电源连接方法是红线与倒车灯的正极相接,黑线连接负极或者搭铁。

(2)六探头的是后保险杠上安装四个,前保险杠上安装两个,电源连接法是红线与ACC或ON线即点火线相接(或者与室内熔断丝盒内的大安数熔断丝相连接),黑线连接负极或者搭铁。

(3)八探头或十探头的倒车雷达安装分布是前保险杠上装四个或五个探头,后保险杠上装四个或五个探头,电源连接法与六探头的倒车雷达相同。

四、倒车雷达安装操作流程(以四探头倒车雷达为例)

倒车雷达安装指南如图3-4-9所示。

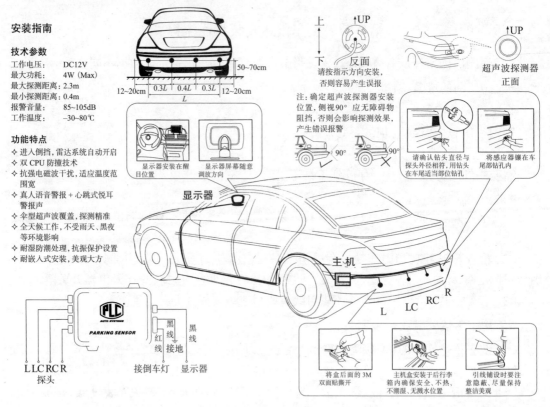

图3-4-9 安装指南

1. 产品测试

（1）检查倒车雷达外观是否有损伤，颜色是否与安装车辆相符。

（2）连接12V蓄电池正、负极测试，检测探头灵敏度是否延迟，探头是否有损坏。

2. 测量尺寸

（1）寻找基准点，使用卷尺测量保险杠尺寸，并记录。

（2）根据所装倒车雷达的探头数量分成几等份。

（3）根据测量出来的数据平分出每一探头之间的距离，如图3-4-10所示。

（4）选点定位（图3-4-11）。在距离地面高度为50~60cm的位置使用纸胶带粘贴在保险杠上；再用卷尺测量出探头之间的距离并用纸胶带粘贴固定。要求探头的钻孔位置在同一水平线上。

图3-4-10　测量距离

图3-4-11　安装示意图

3. 精确钻孔

（1）探头孔位点避开保险杠内部的防撞钢梁，以防影响安装探头。

（2）使用钻头打点定位，再使用原配置的金属开孔钻头，对准已定位点钻孔，如图3-4-12、图3-4-13所示。

图3-4-12　开孔钻头

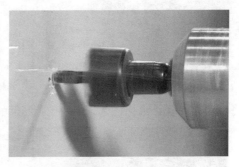

图3-4-13　准确钻孔

（3）在钻孔时，保持手电钻与保险杠垂直，严禁孔位偏移斜位，如图3-4-14所示。

（4）使用壁纸刀清除探头安装孔周围的毛刺，如图3-4-15所示。

4. 布线

从孔洞把探头的线束穿到行李舱预安装主机的位置。

使用翘板拆除门边内饰板，铺显示器导线，并复位内饰板。

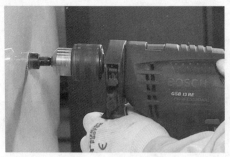

图 3-4-14　垂直钻孔

图 3-4-15　清除毛刺

5. 安装探头

将线束穿过倒车雷达孔后,根据探头标示、安装位置,用手指按住探头中心的周边位置,将探头嵌入孔中或者压着探头两边向里推,直至探头与车漆无缝接触,如图3-4-16、图3-4-17所示。

图 3-4-16　探头安装示意图

图 3-4-17　安装探头

6. 安装主机盒

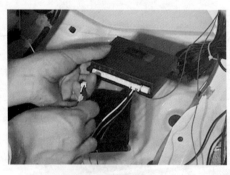

（1）四探头或三探头倒车雷达的主机盒,安装在行李舱内部的左侧或右侧(与倒车灯同侧)。

（2）六探头或八探头以上的倒车雷达的主机盒,安装在转向盘的下部,并使用扎带固定牢固。

7. 导线连接

（1）各探头控制线根据说明书与主机连接,并使用电工胶布包扎牢固,如图3-4-18所示。

（2）确定倒车灯导线。打开汽车钥匙开关,挂入倒车挡位,使用万用表或者试灯测量出倒车灯正负

图 3-4-18　主机连线

极,将主机电源线正负相连,并使用电工胶布包扎绝缘,如图3-4-19、图3-4-20所示。

图 3-4-19　测量电压

图 3-4-20　电源线连接

8. 安装显示器

把显示器底座粘贴在汽车仪表板左上方的仪表板上。安装位置严禁影响驾车视线,并便于查看,如图3-4-21、图3-4-22所示。

图 3-4-21　显示器底座　　　　　　　　图 3-4-22　安装显示器

9. 检验调试

打开汽车钥匙开关,挂入倒车挡位,分别对安装探头进行逐一测试,如果出现故障,重新安装或者更换倒车雷达部件。并对行李舱内饰件进行复位,如图3-4-23、图3-4-24所示。

10. 6S 管理

收拾工具,清理场地。

图 3-4-23　倒车雷达测试　　　　　　　　图 3-4-24　安装内饰件

1. 写出无线倒车雷达的安装流程。
2. 写出影像倒车雷达安装流程。

倒车雷达安装考核评价见表3-4-1。

倒车雷达安装考核评价表　　　　　　　　　　表3-4-1

班级：　　　　班第　　组　小组成员：　　　　　　日期：　　年　月　日

序号	考核内容	考核要点	分数	学生自评	小组评价	教师评价	备注
1	劳保穿戴	（1）未穿工作服扣2分 （2）未戴棉纱手套扣2分 （3）未穿劳保鞋扣2分	6				

续上表

序号	考核内容	考核要点	分数	学生自评	小组评价	教师评价	备注
2	团队意识	（1）不能相互协助扣5分 （2）不能顾全大局扣5分	10				
3	倒车雷达安装准备工作	（1）工具准备不齐全，每少一种扣1分 （2）未检查车身外观和内饰件损伤扣2分 （3）检查未做记录扣2分 （4）倒车雷达未测试扣3分	10				
4	倒车雷达安装实施操作	（1）车辆停放位置不平整扣2分 （2）未定基准点扣1分 （3）未按说明平分出探头之间的距离扣2分 （4）未使用纸胶带定位扣1分 （5）探头距离地面高度未在范围之内扣2分 （6）未使用钻头打点定位，直接使用原配钻头钻孔扣2分 （7）钻孔未保持垂直扣2分 （8）未清除孔周围的毛刺扣2分 （9）内饰板拆卸卡扣损坏，每个扣1分 （10）探头排列顺序错误扣2分 （11）未用手指按压探头中心位置安装扣3分 （12）未按照探头标示安装扣2分 （13）主机盒未粘贴在左边或右边的翼子板上扣3分 （14）探头控制线连接处未使用电工胶布包扎，每一个探头扣1分 （15）倒车灯正负极连接不正确扣2分 （16）显示器未粘贴在仪表板左上角扣2分 （17）行李舱内饰件卡扣损坏，每个扣1分	34				
5	倒车雷达安装检查结果	（1）内饰板复位，变形或缝隙过大扣2分 （2）探头与车身接触不紧密，每个探头扣1分 （3）显示器安装位影响驾驶视线扣5分 （4）倒车雷达的位置提示与实际不符扣3分 （5）倒车雷达安装位置不对称扣3分 （6）探头安装高度不在范围内扣2分 （7）探头方向装反，每个扣1分	20				
6	现场整理	（1）现场工具、用品使用凌乱扣5分 （2）现场整洁有序、符合6S标准，不符合扣5分	10				
7	安全规范	现场出现违规、危险操作安全隐患扣10分	10				
8		总　　分	100				30%+30%+40%=实际得分
9	小组组长签字：		教师签字：				实际得分：

第四单元
轮胎养护

第一章　设备、工具、材料使用说明

一、设备

更换轮胎设备及使用见表4-1-1。

更换轮胎设备及使用　　　　　　　　　　　　　　　表4-1-1

设备名称	图例	使用
立柱举升机		（1）连接电源开关，确认电源和电线正常 （2）将车辆停放在两柱式举升机工位上 （3）调整车辆位置，将举升机的支点对正车辆举升承重点位置 （4）举升车辆至车身向上移动，停止举升，检查确认支点位置可靠 （5）举升车辆至预想高度，并向下移动，锁住锁止保险 （6）降下举升车辆：先升高车辆，打开左右立柱锁止保险，降下车辆，移开支点，关闭电源
轮胎拆装机		（1）利用气门芯扳手旋出气门嘴芯，放掉轮胎内气体，将轮胎放置在保护支撑垫处。调整轮胎挤压板至正确位置，踏下轮胎挤压臂踏板，实现轮胎胎侧双侧挤压，然后去除轮辋上所有的平衡配重块 （2）踏下立柱俯仰踏板，使立柱处于倾斜位置，使用旋转盘上卡爪内齿将车轮装卡在旋转盘上 （3）调整立柱至直立位置，调整扒胎臂及装配头与轮辋的工作位置，使用气动锁止手柄锁定扒胎臂 （4）用撬板将轮胎调到装配头上，踏下旋转盘踏板，使旋转盘旋转，将一侧轮胎扒下；使用同样方法将另一侧轮胎扒下，松开立柱取下旧轮胎 （5）新轮胎胎唇处涂抹润滑膏，将轮胎斜套在轮辋上沿上 （6）调整固定好立柱，利用装配头将轮胎套到轮辋上 （7）调整并使用附加臂上压杆在旋转盘转动同时逐步将轮胎压入轮辋内 （8）松开旋转盘上卡爪，使用附加臂上压盘固定好车轮，将轮胎气压充至标准值
空气压缩机（俗称气泵）		（1）起动：在安装和准备工作结束后，打开出气阀和放水阀，让空气压缩机无负荷起动 （2）空转：在空气压缩工作开始前，先无负荷空转5min以上 （3）升压运行。关闭出气阀和放水阀，使气压上升到额定工作压力，进入正常运行 （4）检查有无异常响声和振动，管路连接有无泄漏，否则应停机排除故障 （5）如用气设备用气量不足，储气罐内气压升高至额定工作压力时，气压开关即自动切断电源使空气压缩机停止工作。当压力下降0.2~0.3MPa时，气压开关自动复位，空气压缩机照常供气 （6）停机后，待气压降至0.3MPa以下时，打开放水阀，带压排除储气罐内污水、残气 备注：由于空气压缩机的种类型号不同，请按照说明书维护

续上表

设备名称	图例	使用
轮胎动平衡机		（1）利用里外钳铁将清洗干净的车轮垂直固定在测量主轴上，使用紧固钳将车轮卡紧 （2）合上机器的主电源开关，显示板显示"0" （3）输入车轮尺寸 ① 手动测量方式。在控制面板上设置所需平衡车轮的宽度，直径和轮辋距离。轮辋宽度使用机器提供的卡钳测量；轮辋直径在轮胎上读取；轮辋距离由机器上的刻度尺读取 ② 自动测量方式。将内置和外置的量尺顶到轮辋相反两侧直至听到确认的"beep"声，程序自动测量轮辋距离、轮辋宽度和直径数值 （4）关上车轮保护罩，开始进行测量 （5）车轮的不平衡量和位置分别同时显示出来，测量完成之后，车轮自动减速直至停止 （6）用手转动车轮直至LED不平衡点指示器点亮，利用行车制动踏板将车轮完全固定在不平衡位置 （7）分别将所需的平衡重块固定在车轮主轴的正上方（12点种位置） （8）在正常位置固定好平衡块后，重新开始检查确认车轮已被正确地平衡
扩胎机		连接气源，待气压达到0.6~1MPa时，将轮胎放置于托板上，靠两边支承轮转动轮胎，将轮胎受损部位转到托板上方，并将扩胎架放入轮胎两侧，脚踏进气阀门，使气缸活塞上升到顶点，轮胎打开，用风动刻磨机打磨轮胎受损部位，待操作完毕后，脚踏排气阀，活塞下降，回到原位

二、工具

更换轮胎工具及使用见表4-1-2。

更换轮胎工具及使用　　　　　　表4-1-2

工具名称	图例	使用
气动扳手		拆卸与安装车轮固定螺栓
十字架轮胎扳手		拆卸与安装车轮固定螺栓
扭力扳手		根据汽车车轮的规定力矩拧紧固定螺栓

续上表

工具名称	图例	使用
撬棍		轮毂与轮胎分离时,撬起轮胎胎唇至轮胎拆装机的装配头上
汽车轮毂平衡锤		拆卸与安装汽车轮毂上的平衡块(配重块)
气门芯扳手		用于轮胎的气门芯的拆卸与安装
气门嘴拉拔器(气门嘴安装拉杆)		更换气门嘴时,用于橡胶气门嘴的安装
壁纸刀		拆卸轮胎上的旧气门嘴
气压计		用于轮胎气压的充气与放气
风动刻磨机		修补轮胎时,用于冷补胶片粘贴部位的打磨
胡桃钳		用于拔出轮胎中的铁钉、螺钉、钢条
补胎压实轮		赶压冷补胶片中的空气,使冷补胶片与轮胎粘贴牢固
碳合金钻头		用于轮胎漏气部位钻孔
探锥		判断漏气孔的垂直角度
轮胎粉末吸尘器		清洁轮胎打磨后的掉落橡胶

三、材料

更换轮胎材料及使用见表4-1-3。

更换轮胎材料及使用　　　　　　　　表4-1-3

材料名称	图例	使用
喷壶		检查轮毂与轮胎接触部位的气密性,以及气门嘴的气密性
气门嘴		便于汽车车轮的充气与放气
轮胎拆装润滑膏		轮胎拆卸与安装时,涂抹于胎唇
轮毂清洗剂		清洁汽车轮毂污渍,使动平衡效果更佳
配重块(平衡块)		为汽车轮毂的动平衡提供配重块
冷补胶片		修补轮胎漏气部位
硫化剂		使冷补胶片与修补部位牢固的硫化在一起
安全密封胶		涂抹冷补胶片边缘,密封轮胎打磨部位
蘑菇钉		修补轮胎漏气部位
橡胶清洗剂		清洗轮胎打磨部位,是冷补胶片与修补部位更加牢固

第二章 更换轮胎

学习目标
- 能够规范使用工具、设备及常规维护；
- 熟练地并规范使用轮胎拆装机；
- 能够安全、规范操作轮胎充气、放气；
- 能够安全、规范拆卸和安装轮胎。

第一节 更换轮胎工具

工具是技术工人的贴心助手，合理的选用工具可以提高作业速度及质量。掌握汽车轮胎更换所需要的工具和设备，规范使用和维护工具，提高技术工人专业技能。

一、设备

立柱举升机，轮胎拆装机，空气压缩机（俗称气泵）。

二、工具

气动扳手，十字架轮胎扳手，扭力扳手，撬棍，汽车轮毂平衡锤，气门芯扳手，气门嘴拉拔器（气门嘴安装拉杆），壁纸刀，气压计。

三、材料

喷壶，气门嘴，轮胎拆装润滑膏。

第二节 更换轮胎操作流程

轮胎是汽车的"脚"，经常行驶在复杂的公路上，定期检查、更换轮胎是汽车维护的核心内容。当轮胎出现老化、氧化，或者出现轮胎花纹达到极限时，需要更换轮胎。

一、施工前的准备工作

1. 工作人员准备

穿戴工作服、棉纱手套、劳保鞋。

2. 场地准备

电源、灯光、材料、工具、设备。

3. 车辆检查

（1）车辆停放到施工工位合适位置，拉起驻车制动器操纵杆、复位挡位、车辆熄火，拔出点火钥匙。

(2)检查车辆外观和内饰是否有损伤,若有损伤,进行登记记录,并告知车主进行签字确认(外观:车身油漆、车窗玻璃、轮毂轮胎等;内饰:仪表台、座椅、车门及电器开关等)。

二、更换轮胎注意事项

(1)拆卸轮胎时,先对固定螺栓进行对角卸力,再逐个旋下螺栓。

(2)拆卸气门芯进行轮胎放气时,禁止气门嘴对人,防止气门芯溅出伤人。

(3)拆卸轮胎时,禁止轮胎拆装机后方站人,以防伤人。

(4)胎唇分离时,轮缘松开器绕开气门嘴,并先分离车轮正面,再分离背面。

(5)分离轮胎时,使用撬棍撬起胎唇至装配头上,另外一侧胎唇应置于轮毂凹陷处。

(6)轮胎安装完成后,进行充气,轮胎上严禁防止手和工具,防止伤人。

(7)安装车轮时,一定将车轮装入到位后再旋入螺栓。

三、更换轮胎施工流程

1. 拆卸车轮

(1)将车辆停放在平整的路面上,取出行李舱原车自带千斤顶,调整举升部位,千斤顶接触底盘托举部位。(或将车辆停放到立柱举升机合适位置,调整举升机托举部位,举升车辆至轮胎离开地面)。安装托举垫块如图4-2-1所示。

(2)使用十字架轮胎扳手/气动扳手对角松开车轮固定螺栓,如图4-2-2所示。

(3)举升车辆至车轮离开地面,旋下车轮固定螺栓,取下车轮,如图4-2-3所示。

图 4-2-1 安装托举垫块

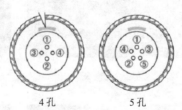

4孔　　5孔　　6孔

图 4-2-2 螺栓松卸示意图

2. 拆卸轮胎

轮胎拆装机如图4-2-4所示。

图 4-2-3 拆卸车轮

图 4-2-4 轮胎拆装机

（1）使用气门芯扳手拧出气门芯，放出轮胎中的气体，如图4-2-5、图4-2-6所示。放气时严禁气门嘴对人，去除气门芯时，拇指和食指捏住气门嘴出气口，防止伤人。

图 4-2-5　拆卸气门芯　　　　　　　　　　图 4-2-6　轮胎放气

（2）使用汽车轮毂平衡锤拆下轮毂配重块／平衡块，防止划伤轮毂，如图4-2-7所示。

（3）在轮胎装配机上用轮缘松开器压出轮胎，绕开轮胎充气阀。轮缘松开器与轮辋凸缘的距离最大为2cm。先压正面，再压背面，如图4-2-8、图4-2-9所示。

（4）轮胎安装在轮胎拆装机的转盘上，并锁住轮毂，用辅助臂压下胎圈，同时，在轮胎和轮辋凸缘间均匀涂抹轮胎拆装润滑膏，如图4-2-10所示。

图 4-2-7　拆卸轮毂配重块　　　　　　　　图 4-2-8　轮缘松开器

图 4-2-9　分离轮辋　　　　　　　　　　　图 4-2-10　安装辅助臂

（5）将装配头固定在轮胎充气阀附近，左手压下轮胎，撬棍以大致30°的角度从轮胎充气阀附近插入，并按下撬棍，踩下旋转踏板，拆下轮胎外侧，如图4-2-11所示。轮胎气门嘴旋转至装配头附近，插入撬棍并按下，拆下轮胎内侧，取下整个轮胎，如图4-2-12所示。

图 4-2-11　撬出轮胎

图 4-2-12　拆卸轮胎

3.更换气门嘴

（1）使用壁纸刀割开气门嘴底部，取下气门嘴，如图4-2-13所示。

（2）取出新气门嘴（橡胶气门嘴），在底部涂上轮胎拆装润滑膏，如图4-2-14所示。使用气门嘴拉拔器/气门嘴安装拉杆安装气门嘴，如图4-2-15所示（铝合金气门嘴安装，使用扳手紧固即可）。

图 4-2-13　清除气门嘴

图 4-2-14　涂抹润滑膏

图 4-2-15　安装气门嘴

4.检查清洁轮毂

（1）使用轮毂清洗剂清洁轮毂，如图4-2-16、图4-2-17所示。

图 4-2-16　喷洒轮毂清洁剂

图 4-2-17　冲净轮毂清洁剂

图 4-2-18　打磨氧化层

（2）对氧化的轮毂使用细砂纸进行打磨清除，如图 4-2-18 所示。

5. 安装轮胎

（1）将轮胎拆装润滑膏均匀地涂抹在轮辋凸缘和胎圈两侧，如图 4-2-19 所示。

（2）先安装轮胎内侧。把轮胎的内侧胎缘放在装配头上，踩下旋转踏板，直至轮胎内侧装入，如图 4-2-20 所示。

（3）安装轮胎外侧。调整轮毂气门嘴一侧（最后装入气门嘴），使用辅助臂/手工压下胎缘至轮毂最凹处，踩下旋转踏板，直至轮胎外侧装入，如图 4-2-21 所示。

图 4-2-19　涂抹轮胎润滑膏

图 4-2-20　安装轮胎内侧

6. 轮胎充气

（1）使用轮胎拆装机自带充气胎压表对轮胎充入空气（图 4-2-22）。最大压力为 330kPa（起跳压力）。将胎圈完好无损地紧贴在轮辋凸缘上，然后将轮胎充气压力升高至 400kPa，用于轮胎"回座"。

充气时，手扶充气头，人体背对气门嘴，防止伤人。

图 4-2-21　安装轮胎外侧

图 4-2-22　轮胎充气

（2）使用气门芯扳手拧入一个新气门芯（图 4-2-23），并调整轮胎充气压力达到规定值（查看原车标准：车门、立柱、加油口盖位置或客户使用手册）。

7. 检查气门性

（1）使用喷壶在轮毂两侧凸缘与胎缘部位喷洒一圈清水，查看是否漏气，如图 4-2-24 所示。

（2）在气门嘴处喷洒清水，查看气门嘴和气门芯是否漏气，如图 4-2-25 所示。

图 4-2-23 安装新气门芯

图 4-2-24 检查轮胎气密性

8. 车轮动平衡

使用轮胎动平衡机对车轮进行动平衡,如图 4-2-26 所示。

图 4-2-25 检查气门嘴气密性

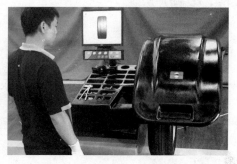
图 4-2-26 轮胎动平衡

9. 安装车轮

先使用十字架轮胎扳手／气动扳手预拧紧30N·m,交叉安装螺栓。再使用扭力扳手依规定的拧紧力矩交叉拧紧车轮螺栓,如图 4-2-27、图 4-2-28 所示。

图 4-2-27 安装车轮

图 4-2-28 紧固车轮

拧紧力矩:120N·m。

10. 车辆移出举升机

(1) 启动举升按钮,解除锁止,拉开立柱两侧保险,按下降键至举升机底部。
(2) 立柱举升机托举臂复位,如图 4-2-29 所示。

11. 试车、交车

车辆开至平整路段,车速 60~100km/h,检查车辆跑偏或车轮摆动,如图 4-2-30 所示。

图 4-2-29　举升机复位　　　　　图 4-2-30　车轮检查

12. 6S 管理

收拾工具，清理场地。

1. 轮胎装配机的辅助臂的使用方法。
2. 超低压轮胎安装时，应如何操作？
3. 帘线轮胎（带有内胎的轮胎）的拆装流程。

更换轮胎考核评价见表 4-2-1。

更换轮胎考核评价表　　　　　　　　　　　　　　　表 4-2-1

班级：　　　班第　　　组　小组成员：　　　　　日期：　　　年　月　日

序号	考核内容	考核要点	分数	学生自评	小组评价	教师评价	备注
1	劳保穿戴	（1）未穿工作服扣2分 （2）未戴棉纱手套扣2分 （3）未穿劳保鞋扣2分	6				
2	团队意识	（1）不能相互协助扣5分 （2）不能顾全大局扣5分	10				
3	更换轮胎准备工作	（1）设备准备不齐全，不调试扣2分 （2）工具不齐全一种扣1分，最多扣3分 （3）材料准备不全扣2分	7				
4	更换轮胎实施操作	（1）未做全车检查记录扣2分 （2）车辆举升位置不正确扣2分 （3）举升机举升、降落不正确各扣2分 （4）如果使用千斤顶举升车辆，拆卸车轮前要拉紧驻车制动及放置车轮挡块，未做各扣1分，托举部位不正确，扣2分；（举升机和千斤顶任选其一） （5）未规范对角卸力，拆卸车轮固定螺栓扣2分 （6）检查轮毂损坏或腐蚀，未检查记录扣2分 （7）未拆卸轮胎平衡块扣2分	42				

续上表

序号	考核内容	考 核 要 点	分数	学生自评	小组评价	教师评价	备 注
4	更换轮胎实施操作	（8）拆卸气门芯方法不正确扣2分 （9）胎唇分离位置及方法不正确扣2分 （10）轮胎拆装机固定轮毂不正确扣2分 （11）胎唇撬起至装配头，不正确扣2分 （12）气门嘴未置于装配头下方扣3分 （13）安装时，气门嘴先装入扣2分 （14）未查看标准气压扣2分 （15）充气方法不正确扣2分 （16）未检查轮胎气压泄漏扣1分 （17）安装车轮，未将螺栓按对角线方式紧固扣2分 （18）未使用扭力扳手紧固车轮扣2分 （19）紧固力矩不正确扣2分 （20）未收回挡块及防护扣2分	42				
5	轮胎检查结果	（1）气门嘴漏气扣2分 （2）胎唇漏气扣2分 （3）车轮固定螺栓未紧固扣5分 （4）轮胎花纹安装反向扣3分 （5）轮胎上的贴纸未清除扣3分	15				
6	现场整理	（1）现场工具、材料使用后未归位扣5分 （2）现场整洁有序，符合6S标准，不符合扣5分	10				
7	安全规范	现场出现违规、危险操作安全隐患扣10分	10				
8		总　　分	100				30%+30%+40%=实际得分
9	小组组长签字：		教师签字：			实际得分：	

第三章 动平衡

学习目标
- 掌握车轮动平衡配重块的类型；
- 能够规范操作动平衡机及常规维护；
- 能够准确镶嵌配重块。

第一节 动平衡工具

一、设备
立柱举升机，轮胎动平衡机。

二、工具
气动扳手，十字架轮胎扳手，扭力扳手，汽车轮毂平衡锤，壁纸刀，气压计。

三、材料
喷壶，轮毂清洗剂，配重块（平衡块）。

第二节 动平衡操作流程

一、施工前的准备工作

1. 工作人员准备

穿戴工作服、棉纱手套、劳保鞋。

2. 场地准备

电源、灯光、配重块、工具。

3. 车辆检查

（1）车辆停放到施工工位合适位置，拉起驻车制动器操纵杆、复位挡位、车辆熄火，拔出点火钥匙。

（2）检查车辆外观和内饰是否有损伤，若有损伤，进行登记记录，并告知车主进行签字确认（外观：车身油漆、车窗玻璃、轮毂轮胎等；内饰：仪表台、座椅、车门及电器开关等）。

二、车轮动平衡注意事项

（1）轮胎动平衡前，清除轮胎上的杂物，清洁轮毂。

（2）检查轮胎气压，并达到规定值。

（3）测量轮胎动平衡机至轮毂凸缘的距离，测量轮辋宽度时，眼睛与测量工具保持平行，确保读数准确。

（4）轮胎旋转时，严禁后方站人。

（5）安装配重块时，小心平衡锤砸伤手指。

（6）严禁重力敲击或抬动动平衡机平衡轴。

三、车轮动平衡施工流程

1. 拆卸车轮

（1）车辆停放到平板举升机合适位置，调整举升机托举部位，起动举升按钮至底盘托举部位，检查托举部位是否合适。安装托举垫块，如图4-3-1所示。

（2）使用十字架轮胎扳手/气动扳手对角松开车轮固定螺栓，如图4-3-2所示。

图4-3-1　安装托举垫块

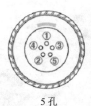

4孔　　　5孔　　　6孔

图4-3-2　螺栓松卸示意图

（3）举升车辆至车轮离开地面，旋下车轮固定螺栓，取下车轮，如图4-3-3所示。

2. 拆卸车轮中心孔盖

使用木质或胶质工具捅出车轮中心孔盖，如图4-3-4、图4-3-5所示。

3. 清洁轮辋

使用轮毂清洗剂配合轮胎刷清洁轮辋，并用清水冲刷干净，如图4-3-6、图4-3-7所示。

图4-3-3　拆卸车轮

图4-3-4　螺丝刀捅出车轮中心孔盖　　　图4-3-5　卸除车轮中心孔盖

图 4-3-6 喷洒轮毂清洁剂

图 4-3-7 冲净轮毂清洁剂

4. 拆除旧平衡块

（1）使用汽车轮毂平衡锤拆除轮毂原有配重块/平衡块，如图4-3-8所示。（严禁划伤轮毂）

（2）清除轮胎花纹上的石子，如图4-3-9所示。

图 4-3-8 拆卸轮毂配重块

图 4-3-9 清除石子

5. 输入数据

（1）安装轮胎至轮胎动平衡机的平衡轴上，并用锥度盘和锁紧螺母锁紧，如图4-3-10所示。（严禁按压平衡轴）

（2）打开轮胎动平衡机电源开关，选择轮胎动平衡类别，如图4-3-11所示。

图 4-3-10 安装车轮

图 4-3-11 打开轮胎动平衡机电源

（3）使用机身自带直尺测量轮胎动平衡机至轮毂凸缘的距离，按位置输入，如图4-3-12、图4-3-13所示。

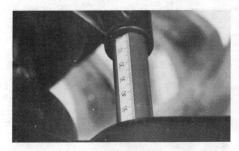

图 4-3-12 直尺测量

图 4-3-13 输入数据

（4）使用轮胎卡尺测量轮辋宽度，并按位置输入，如图 4-3-14、图 4-3-15 所示。

图 4-3-14 测量轮辋宽度

图 4-3-15 输入数据

（5）查看轮胎直径，并输入到指定位置，如图 4-3-16、图 4-3-17 所示。

图 4-3-16 读取轮胎直径

图 4-3-17 输入数据

6. 轮胎动平衡

（1）按启动键或拉下防护盖转动轮胎，如图 4-3-18 所示。（严禁手扶轮胎、靠近轮胎，防止伤人）。

（2）待轮胎停止，手动转动轮胎，查找平衡位置，踩下制动踏板，根据显示数据确定平衡块，使用汽车轮毂平衡锤对准机器指定位置（轮胎上端中心位置），镶嵌或粘贴配重块/平衡块，如图 4-3-19、图 4-3-20 所示。（根据显示数据对应轮胎两侧位置）每个车轮上的平衡块不得超过 60g。配重块/平衡

图 4-3-18 启动轮胎动平衡机

块分为粘贴式和镶嵌式两种，镶嵌式又分为钢质轮毂配重块和铝合金轮毂配重块，正确选用。

图 4-3-19　确定配重块位置

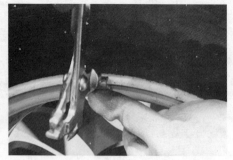

图 4-3-20　镶嵌配重块

图 4-3-21　车轮动平衡归零

（3）平衡块镶嵌或粘贴后，再次按下启动键，待轮胎停止显示器显示两侧为"0"，即动平衡结束，如图 4-3-21 所示。如果轮胎不平衡，可能平衡块粘贴位置不准确，或者轮毂严重变形，需重新添加平衡块。

7. 安装车轮

先使用十字架轮胎扳手 / 气动扳手预拧紧 30N·m，对角安装螺栓，如图 4-3-22 所示。再使用扭力扳手依规定的拧紧力矩交叉拧紧车轮螺栓，如图 4-3-23 所示。

拧紧力矩：120N·m。

图 4-3-22　安装车轮

图 4-3-23　紧固车轮

8. 车辆移出举升机

（1）按下降键起动举升机，解除锁止，至举升机底部。

（2）移出托举垫块。

9. 试车、交车

车辆开至平整路段，车速 60~100km/h，检查车辆跑偏或车轮摆动。

10. 6S 管理

收拾工具，清理场地。

1. 哪些情况会造成轮毂变形？
2. 当车辆行驶跑偏时，应当如何解决？请写出操作流程。

车轮动平衡考核评价见表4-3-1。

车轮动平衡考核评价表

表4-3-1

班级：　　　班　第　　　组　小组成员：　　　　　　　　　　　　日期：　　　年　　月　　日

序号	考核内容	考核要点	分数	学生自评	小组评价	教师评价	备注
1	劳保穿戴	（1）未穿工作服扣2分 （2）未戴棉纱手套扣2分 （3）未穿劳保鞋扣2分	6				
2	团队意识	（1）不能相互协助扣5分 （2）不能顾全大局扣5分	10				
3	动平衡准备工作	（1）设备准备不齐全，不调试扣2分 （2）工具不齐全，少一种扣1分	3				
4	动平衡实施操作	（1）未做全车检查记录扣2分 （2）车辆举升位置不正确扣2分 （3）举升机举升、降落不正确各扣2分 （4）如果使用千斤顶举升车辆，拆卸车轮前要拉紧驻车制动及放置车轮挡块，未做各扣1分，托举部位不正确，扣2分；(举升机和千斤顶任选其一) （5）未规范对角卸力，拆卸车轮固定螺栓扣2分 （6）检查轮毂损坏或腐蚀，未检查记录扣2分 （7）未拆卸轮胎平衡块扣2分 （8）轮毂清洗不干净每处扣1分，最多扣5分 （9）未清洁轮胎上的杂物扣2分 （10）未查看标准气压扣1分 （11）未检查充入轮胎气压扣2分 （12）钳铁选用不正确扣5分 （13）测量读数不准确扣2分 （14）配重块选用不正确扣1分 （15）安装配重块位置不正确扣2分 （16）轮胎动平衡显示数字不为0扣5分 （17）安装车轮，未将螺栓按对角线方式紧固扣2分 （18）未使用扭力扳手紧固车轮扣2分 （19）紧固力矩不正确扣2分 （20）未收回挡块及防护用品扣2分	46				
5	动平衡检查结果	（1）轮毂、轮胎清洁不干净，每处扣1分，最高扣5分 （2）轮毂清洁后，表面有划伤扣2分 （3）同一位置2次或2次以上安装配重块扣5分 （4）轮胎做动平衡后，转向盘发抖扣3分	15				

续上表

序号	考核内容	考 核 要 点	分数	学生自评	小组评价	教师评价	备 注
6	现场整理	（1）现场工具、用品使用凌乱扣5分 （2）现场整洁有序、符合6S标准，不符合扣5分	10				
7	安全规范	现场出现违规、危险操作安全隐患扣10分	10				
8		总　分	100				30%+30%+40%=实际得分
9	小组组长签字：			教师签字：			实际得分：

第四章 粘贴法修补轮胎

> **学习目标**
> ◆ 能够正确使用工具、设备及常规维护；
> ◆ 能够规范使用扩胎机；
> ◆ 会规范使用风动刻磨机；
> ◆ 能够安全、规范进行粘贴法修补轮胎。

第一节 粘贴法修补轮胎工具

工具是技术工人的贴心助手，合理的选用工具可以提高作业速度及质量。掌握轮胎修补工具的作用、使用方法及维护，能够提高技术工人专业技能。

一、设备

立柱举升机，空气压缩机，轮胎拆装机，轮胎动平衡机，扩胎机。

二、工具

风动刻磨机，气动扳手，十字架轮胎扳手，汽车轮毂平衡锤，扭力扳手，胡桃钳，补胎压实轮，气门嘴拉拔器/气门嘴安装拉杆，壁纸刀，气门芯扳手，撬棍，气压计。

三、材料

喷壶，配重块（平衡块），气门嘴，轮胎拆装润滑膏，冷补胶片，硫化剂，安全密封胶，橡胶清洗剂。

第二节 粘贴法修补轮胎操作流程

一、施工前的准备工作

1. 工作人员准备

穿戴工作服、棉纱手套、劳保鞋。

2. 场地准备

电源、灯光、材料、工具。

3. 车辆检查

（1）车辆停放到施工工位合适位置，拉起驻车制动器操纵杆、复位挡位、车辆熄火，拔出点火钥匙。

（2）检查车辆外观和内饰是否有损伤，若有损伤，进行登记记录，并告知车主进行签字确认（外观：车身油漆、车窗玻璃、轮毂轮胎等；内饰：仪表台、座椅、车门及电器开关等）。

二、粘贴法修补轮胎注意事项

（1）轮胎扩张时，严禁过度扩张，以免造成胎缘变形，影响气密性及安全性能。
（2）漏气部位打磨时，根据冷补胶片大小，一般打磨大于冷补胶片2mm。
（3）打磨要求平整，严禁漏出帘线层、钢丝层，影响气密性。
（4）硫化剂涂抹均匀，自然硫化至表面不粘手。
（5）粘贴冷补胶片时，冷补胶片的中心部位对准漏气孔，用手指向四周压平。
（6）密封胶涂抹时，涂于冷补胶片与轮胎边缘，静置密封胶凝固。

三、粘贴法修补轮胎施工流程

1. 拆卸车轮

（1）将车辆停放在平整的路面上，取出行李舱原车自带千斤顶，调整举升部位，千斤顶接触底盘托举部位。（或将车辆停放到立柱举升机合适位置，调整举升机托举部位，举升车辆至轮胎离开地面。）安装托举垫块，如图4-4-1所示。

（2）使用十字架轮胎扳手/气动扳手对角松开车轮固定螺栓，如图4-4-2所示。

图4-4-1 安装托举垫块

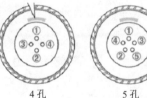

4孔　　　5孔　　　6孔

图4-4-2 螺栓松卸示意图

（3）举升车辆至车轮离开地面，旋下车轮固定螺栓，取下车轮，如图4-4-3所示。

2. 查找轮胎漏气点

（1）对轮胎进行充气至标准值，如图4-4-4所示。

图4-4-3 拆卸车轮　　　图4-4-4 车轮充气

（2）目测检查轮胎是否有钉或其他伤口，将轮胎放入水池／使用喷壶喷洒勾兑泡沫，找出漏气点，如图4-4-5~图4-4-7所示。（检查部位：气门嘴、胎缘、轮胎花纹、侧面。）

（3）使用粉笔或记号笔标注漏气点，如图4-4-8所示。

图4-4-5 目测检查

图4-4-6 喷洒泡沫

图4-4-7 确定漏气点

图4-4-8 标注漏气点

3.拆卸轮胎

（1）拆卸气门芯，放出气体，如图4-4-9、图4-4-10所示。

图4-4-9 拆卸气门芯

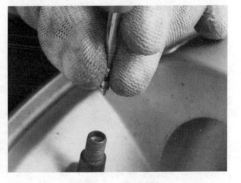

图4-4-10 轮胎放气

（2）使用平衡锤拆卸配重块／平衡块，如图4-4-11所示。

（3）压出胎唇，分离轮辋，如图4-4-12、图4-4-13所示。（气门嘴绕至压台铲对面）

（4）拆下轮胎，如图4-4 14所示。

图 4-4-11　拆卸轮毂配重块

图 4-4-12　轮缘松开器

图 4-4-13　分离轮辋

图 4-4-14　拆卸轮胎

4. 轮胎打磨

（1）再次使用记号笔在轮胎内部标注漏气点，使用胡桃钳拔出钉子，如图4-4-15、图4-4-16 所示。

图 4-4-15　标注漏气点

图 4-4-16　拔出钉子

（2）将轮胎放在扩胎机上，扩开轮胎，如图4-4-17所示。（严禁过度扩张，以免造成胎缘变形，影响气密性及安全性能。）

（3）接通气源，起动风动刻磨机，均匀打磨漏气点。打磨部位应比冷补胶片稍大2mm。打磨部位要求平整，不漏帘线和钢丝，如图4-4-18、图4-4-19所示。

（4）使用吸尘器吸净轮胎内部打磨粉尘，如图4-4-20所示。

图 4-4-17　扩开轮胎

图 4-4-18　打磨漏气点

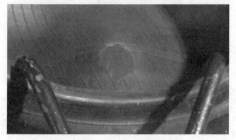
图 4-4-19　漏气打磨部位

图 4-4-20　轮胎吸尘

5. 粘贴冷补胶片

（1）使用橡胶清洗剂对打磨部位进行喷洒，迅速使用刮刀刮净，如图 4-4-21、图 4-4-22 所示。要求无清洗剂、无污渍。

图 4-4-21　喷洒橡胶清洗剂

图 4-4-22　打磨部位清洁

（2）使用硫化剂涂抹打磨部位，如图 4-4-23 所示。要求薄而均匀，自然硫化至不粘手。（使用手背轻触硫化剂）

（3）粘贴冷补胶片（图 4-4-24）。冷补胶片从一侧贴向另外一侧，使冷补胶片置于漏气孔中心位置。（冷补胶片结合后不能移动，或者重新进行修补。）

图 4-4-23　涂抹硫化剂

图 4-4-24　粘贴冷补胶片

（4）使用补胎压实轮对冷补胶片进行压实，排出冷补胶片内部气体，从中间向两侧赶压，如图4-4-25所示。

6. 涂抹密封胶

使用密封胶涂抹冷补胶片边缘，密封冷补胶片边缘与轮胎打磨多余部分，如图4-4-26所示。

图 4-4-25　补胎压实轮赶压

图 4-4-26　涂抹密封胶

7. 安装轮胎

（1）涂抹轮胎拆装润滑膏，如图4-4-27所示。

（2）使用轮胎拆装机装回轮胎，如图4-4-28所示。

图 4-4-27　涂抹轮胎润滑膏

图 4-4-28　安装轮胎

8. 检查气密性

使用喷壶对轮胎修补部位喷洒勾兑泡沫，检查气密性。对胎缘和气门嘴部位进行气密性检查，如图4-4-29所示。

9. 轮胎动平衡

使用轮胎动平衡机对新修补轮胎做动平衡，如图4-4-30所示。

图 4-4-29　检查漏气点

图 4-4-30　车轮动平衡

10. 安装车轮

先使用十字架轮胎扳手/气动扳手预拧紧30N·m，交叉安装螺栓。再使用扭力扳手依规定的拧紧力矩交叉拧紧车轮螺栓，如图4-4-31、图4-4-32所示。

图4-4-31　安装车轮

图4-4-32　紧固车轮

拧紧力矩：120N·m。

11. 车辆移出举升机

松开千斤顶，降下车辆/举升机降下车辆，并复位托举臂，移出车辆，如图4-4-33所示。

图4-4-33　举升机复位

12. 6S 管理

收拾工具，清理场地。

思考题

1. 列举冷补胶片的品牌及型号。
2. 当轮胎侧面扎钉时，能否修补，如何修补？
3. 当轮胎的边缘出现漏气时，该如何处理？

粘贴法修补轮胎操作考核评价见表4-4-1。

粘贴法修补轮胎操作考核评价表　　　　　　　　　　　　表4-4-1

班级：　　　班第　　组　小组成员：　　　　　　　　　日期：　　　年　月　日

序号	考核内容	考核要点	分数	学生自评	小组评价	教师评价	备注
1	劳保穿戴	（1）未穿工作服扣2分 （2）未戴棉纱手套扣2分 （3）未穿劳保鞋扣2分	6				
2	团队意识	（1）不能相互协助扣5分 （2）不能顾全大局扣5分	10				
3	轮胎修补准备工作	（1）设备准备不齐全,不调试扣2分 （2）工具不齐全,少一种扣1分	5				
4	轮胎修补实施操作	（1）未做全车检查记录扣1分 （2）车辆举升位置不正确,举升、降落不正确各扣1分 （3）如果使用千斤顶举升车辆,拆卸车轮前要拉紧驻车制动及放置车轮挡块,未做各扣1分,托举部位不正确,扣1分;(举升机和千斤顶任选其一) （4）未规范对角卸力,拆卸车轮固定螺栓扣1分 （5）未检查轮胎漏气点扣1分 （6）漏气点未做标记扣1分 （7）未拆卸轮胎平衡块扣1分 （8）轮胎拆装机使用不规范扣3分 （9）漏气部位未拔钉直接打磨扣1分 （10）扩胎机过度扩张轮胎扣2分 （11）打磨不平整扣2分 （12）打磨漏出帘线或钢丝扣3分 （13）打磨部位超过冷补胶片2mm,扣1分 （14）冷补胶片粘贴偏离打磨部位扣1分 （15）未使用补胎压实轮对冷补胶片进行压实,扣1分 （16）硫化剂涂抹不均匀扣1分 （17）硫化剂未干粘贴冷补胶片扣2分 （18）密封胶涂抹位置不正确扣1分 （19）密封胶未凝固安装轮胎扣3分 （20）轮毂未清洗扣1分 （21）未清洁轮胎上的杂物扣1分 （22）未查看标准气压扣1分 （23）未检查充入轮胎气压扣1分 （24）钳铁选用不正确扣2分 （25）测量读数不准确扣2分 （26）配重块选用不正确扣1分 （27）安装配重块位置不正确扣1分 （28）轮胎动平衡显示数字不为0扣2分 （29）安装车轮,未将螺栓按对角线方式紧固扣1分 （30）未使用扭力扳手紧固车轮扣2分 （31）紧固力矩不正确扣1分 （32）未收回挡块及防护用品扣1分	44				

续上表

序号	考核内容	考核要点	分数	学生自评	小组评价	教师评价	备注
5	轮胎修补检查结果	（1）轮胎修补部位漏气扣5分 （2）气门嘴与胎唇漏气扣3分 （3）同一位置2次或2次以上安装配重块扣3分 （4）轮胎气压未达到规定值扣2分 （5）组合仪表上的轮胎气压指示灯未清除扣2分	15				
6	现场整理	（1）现场工具、用品使用凌乱扣5分 （2）现场整洁有序、符合6S标准，不符合扣5分	10				
7	安全规范	现场出现违规、危险操作安全隐患扣10分	10				
8		总　　分	100				30%+30%+40%=实际得分
9	小组组长签字：			教师签字：			实际得分：

第五章　橡胶钉修补轮胎

> **学习目标**
> ❖ 能够正确使用工具、设备及常规维护；
> ❖ 能够规范使用风动刻磨机；
> ❖ 会规范使用蘑菇钉气动钻；
> ❖ 能够安全、规范进行蘑菇钉修补轮胎。

第一节　橡胶钉修补轮胎工具

工具是技术工人的贴心助手，合理的选用工具可以提高作业速度及质量。掌握轮胎修补工具的作用、使用方法及维护，能够提高技术工人专业技能。

一、设备

立柱举升机，空气压缩机，轮胎拆装机，轮胎动平衡机，扩胎机。

二、工具

风动刻磨机，蘑菇钉气动钻，碳合金钻头，探锥，轮胎粉末吸尘器，气动扳手，十字架轮胎扳手，汽车轮毂平衡锤，扭力扳手，胡桃钳，补胎压实轮，气门嘴拉拔器/气门嘴安装拉杆，壁纸刀，气门芯扳手，撬棍，气压计。

三、材料

喷壶，配重块(平衡块)，气门嘴，轮胎拆装润滑膏，蘑菇钉，硫化剂，安全密封胶，橡胶清洗剂。

第二节　橡胶钉修补轮胎操作流程

一、倒施工前的准备工作

1. 工作人员准备

穿戴工作服、棉纱手套、劳保鞋。

2. 场地准备

电源、灯光、材料、工具。

3. 车辆检查

（1）车辆停放到施工工位合适位置，拉起驻车制动器操纵杆、复位挡位、车辆熄火，拔出点火钥匙。

(2)检查车辆外观和内饰是否有损伤,若有损伤,进行登记记录,并告知车主进行签字确认(外观:车身油漆、车窗玻璃、轮毂轮胎等;内饰:仪表台、座椅、车门及电器开关等)。

二、橡胶钉修补轮胎注意事项

(1)轮胎扩张时,严禁过度扩张,以免造成胎缘变形,影响气密性及安全性能。

(2)轮胎修补时,根据破损部位的大小,选择配套的蘑菇钉与碳合金钻头。

(3)漏气部位打磨时,根据蘑菇钉大小,打磨区域大于蘑菇钉2mm。

(4)打磨要求平整,严禁漏出帘线层、钢丝层,影响气密性。

(5)蘑菇钉气动钻使用时,先从内部向外部钻孔,再有外部向内部钻孔,破损孔与钻孔保持一致。

(6)硫化剂涂抹均匀,自然硫化至表面不粘手。

(7)粘贴蘑菇钉时,蘑菇钉的梗部对准漏气孔并拉出,内部用手指向四周压平。

(8)密封胶涂抹时,涂于冷补胶片与轮胎边缘,静置密封胶凝固。

三、橡胶钉修补轮胎施工流程

1. 拆卸车轮

(1)将车辆停放在平整的路面上,取出行李舱原车自带千斤顶,调整举升部位,千斤顶接触底盘托举部位。安装托举垫块如图4-5-1所示。(或将车辆停放到立柱举升机合适位置,调整举升机托举部位,举升车辆至轮胎离开地面。)

(2)使用十字架轮胎扳手/气动扳手对角松开车轮固定螺栓,如图4-5-2所示。

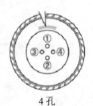 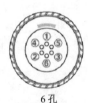

4孔　　　　5孔　　　　6孔

图4-5-1　安装托举垫块　　　　图4-5-2　螺栓松卸示意图

(3)举升车辆至车轮离开地面,旋下车轮固定螺栓,取下车轮,如图4-5-3所示。

2. 查找轮胎漏气点

(1)对轮胎进行充气至标准值如图4-5-4所示。(一般为250kPa)

图4-5-3　拆卸车轮　　　　图4-5-4　车轮充气

（2）目测检查轮胎是否有钉或其他伤口，将轮胎放入水池/使用喷壶喷洒勾兑泡沫，找出漏气点，如图4-5-5~图4-5-7所示。（检查部位：气门嘴、胎缘、轮胎花纹、侧面。）

（3）使用粉笔或记号笔标注漏气点，如图4-5-8所示。

图4-5-5 目测检查

图4-5-6 喷洒泡沫

图4-5-7 确定漏气点

图4-5-8 标注漏气点

3. 拆卸轮胎

（1）拆卸气门芯，放出气体，如图4-5-9、图4-5-10所示。

图4-5-9 拆卸气门芯

图4-5-10 轮胎放气

（2）拆卸平衡块，如图4-5-11所示。

（3）压出胎唇，分离轮辋，如图4-5-12、图4-5-13所示。（气门嘴绕至压台铲对面）

（4）拆下轮胎，如图4-5-14、图4-5-15所示。

4. 轮胎打磨

（1）再次使用记号笔在轮胎内部标注漏气点，使用胡桃钳拔出钉子，如图4-5-16、图4-5-17所示。

图 4-5-11　拆卸轮毂配重块

图 4-5-12　轮缘松开器

图 4-5-13　分离轮辋

图 4-5-14　安装拆装头

图 4-5-15　拆卸轮胎

图 4-5-16　标注漏气点

（2）将轮胎放在扩胎机上，扩开轮胎，如图 4-5-18 所示。（严禁过度扩张，以免造成胎缘变形，影响气密性及安全性能。）

图 4-5-17　拔出钉子

图 4-5-18　扩开轮胎

（3）选择破损孔大小尺寸的探锥，判断垂直的角度，如图 4-5-19 所示。如果刺破的角度大于 25°，由于大角度对塞梗所产生的压力过大，轮胎就无法使用蘑菇钉修复。

（4）正确选择蘑菇钉和碳合金钻头相同的尺寸，如图4-5-20所示。

图4-5-19　探锥判断

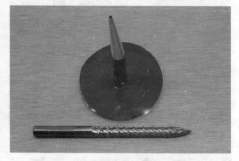

图4-5-20　选择蘑菇钉和钻头

（5）参照交叉线的位置，将蘑菇钉居中对准破损处。在蘑菇钉周边画出一个比蘑菇钉大出2mm的圆圈，如图4-5-21所示。

（6）低速蘑菇钉气动钻（2700~4000r/min），安装破损处大小的碳合金钻头，按照破损部位的方向，从轮胎内侧到外侧钻孔（图4-5-22），重复此操作三次。从轮胎外侧重复此操作，以确保破损孔准确（图4-5-23）。钢丝必须被粘回并牢牢地嵌入坚实的橡胶层中，中间没有任何分离。

图4-5-21　标注漏气点

图4-5-22　轮胎内部钻孔

（7）使用带有磨砂笔的低速（2700~4000r/min）打磨器，从外向里进行打磨。动作快速并带有足够的力。去除任何烧焦的橡胶，以确保黏合牢固。

（8）使用风动刻磨机低速（2700~4000r/min）打磨破损处，直至打磨光滑平整为止，如图4-5-24、图4-5-25所示。去除修复区域中的凸起。打磨部位要求平整，不漏帘线、钢丝。

图4-5-23　轮胎外部钻孔

图4-5-24　打磨漏气点

5. 粘贴蘑菇钉

（1）用毛刷清除打磨后的碎屑，并用吸尘器清除剩余碎屑，如图4-5-26所示。

图4-5-25　漏气部位打磨

图4-5-26　轮胎吸尘

（2）使用橡胶清洗剂对打磨部位进行喷洒，迅速使用刮刀刮净，如图4-5-27、图4-5-28所示。要求无清洗剂、无污渍。

图4-5-27　喷洒橡胶清洗剂

图4-5-28　打磨部位清洁

（3）从中心向外，在打磨区域涂抹一层薄而均匀的硫化剂，然后使用钝的检查棒对孔中涂上硫化剂，如图4-5-29所示。自然硫化至不粘手。（使用手背轻触硫化剂）温度和湿度会影响晾干的时间。

（4）取下塑料保护膜，拿好补片，但是不要弄脏其粘性表面，如图4-5-30所示。

图4-5-29　涂抹硫化剂

图4-5-30　撕开保护膜

（5）松开扩胎机，插入蘑菇钉梗部，直至可以从轮胎之外夹住它。不要过度拉扯补片使得补片产生凹陷。使用钳子拉动蘑菇钉，直到补片与打磨平面贴合，如图4-5-31、图4-5-32所示。

图 4-5-31　穿入蘑菇钉

图 4-5-32　拔出蘑菇钉

（6）从中心向外，将蘑菇钉滚压平实，如图 4-5-33 所示。

（7）割去蘑菇钉梗部胎面之外多余部分，如图 4-5-34 所示。

图 4-5-33　补胎压实轮赶压

图 4-5-34　去除多余部分

6. 涂抹密封胶

使用密封胶涂抹冷补胶片边缘，密封冷补胶片边缘与轮胎打磨多余部分，如图 4-5-35 所示。

7. 安装轮胎

（1）涂抹轮胎拆装润滑膏，如图 4-5-36 所示。

图 4-5-35　涂抹密封胶

图 4-5-36　涂抹轮胎润滑膏

（2）使用轮胎拆装机装回轮胎，如图 4-5-37 所示。

8. 检查气密性

使用喷壶对轮胎修补部位喷洒勾兑泡沫，检查气密性，如图 4-5-38 所示。

对胎缘和气门嘴部位进行气密性检查，如图 4-5-39、图 4-5-40 所示。

第四单元 轮胎养护

图4-5-37 安装轮胎

图4-5-38 检查漏气点

图4-5-39 检查轮辋气密性

图4-5-40 检查气门嘴气密性

9. 轮胎动平衡

使用轮胎动平衡机对新修补轮胎做动平衡,如图4-5-41所示。

10. 安装车轮

先使用十字架轮胎扳手/气动扳手预拧紧30N·m,交叉安装螺栓,如图4-5-42所示。再使用扭力扳手依规定的拧紧力矩交叉拧紧车轮螺栓,如图4-5-43所示。

图4-5-41 车轮动平衡

图4-5-42 安装车轮

拧紧力矩:120N·m。

11. 车辆移出举升机

松开千斤顶,降下车辆/举升机降下车辆,并复位托举臂,移出车辆,如图4-5-44所示。

图 4-5-43 紧固车轮

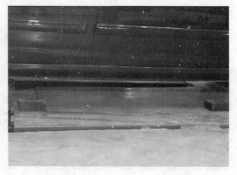

图 4-5-44 举升机复位

12. 6S 管理

收拾工具,清理场地。

1. 写出蘑菇钉与碳合金钻头的型号。
2. 蘑菇钉适合修补轮胎哪些部位?
3. 写出硫化机(热补机)修补轮胎的操作流程。

橡胶钉修补轮胎操作考核评价见表4-5-1。

橡胶钉修补轮胎操作考核评价表   表4-5-1

班级: 班 第 组 小组成员:				日期: 年 月 日			
序号	考核内容	考核要点	分数	学生自评	小组评价	教师评价	备注
1	劳保穿戴	(1)未穿工作服扣2分 (2)未戴棉纱手套扣2分 (3)未穿劳保鞋扣2分	6				
2	团队意识	(1)不能相互协助扣5分 (2)不能顾全大局扣5分	10				
3	轮胎修补准备工作	(1)设备准备不齐全,不调试扣2分 (2)工具不齐全,少一种扣1分	5				
4	轮胎修补实施操作	(1)未做全车检查记录扣1分 (2)车辆举升位置不正确,举升、降落不正确各扣1分 (3)如果使用千斤顶举升车辆,拆卸车轮前要拉紧驻车制动及放置车轮挡块,未做各扣1分,托举部位不正确,扣1分;(举升机和千斤顶任选其一) (4)未规范对角卸力,拆卸车轮固定螺栓扣1分 (5)未检查轮胎漏气部位扣1分 (6)漏气部位未做标记扣1分 (7)未拆卸轮胎平衡块扣1分 (8)轮胎拆装机使用不规范扣3分	44				

续上表

序号	考核内容	考核要点	分数	学生自评	小组评价	教师评价	备注
4	轮胎修补实施操作	（9）漏气部位未拔钉直接打磨扣1分 （10）蘑菇钉与碳合金钻头选用不正确扣2分 （11）扩胎机过度扩张轮胎扣2分 （12）蘑菇钉气动钻钻孔位置偏离扣2分 （13）打磨不平整扣1分 （14）打磨漏出帘线或钢丝扣2分 （15）打磨部位超过蘑菇钉5mm扣1分 （16）硫化剂涂抹不均匀扣1分 （17）硫化剂未干粘贴蘑菇钉扣2分 （18）未使用补胎压实轮对蘑菇钉进行压实，扣1分 （19）密封胶涂抹位置不正确扣1分 （20）密封胶未凝固安装轮胎3分 （21）轮毂未清洗扣1分 （22）未清洁轮胎上的杂物扣1分 （23）未查看标准气压扣1分 （24）未检查充入轮胎气压扣1分 （25）钳铁选用不正确扣2分 （26）测量读数不准确扣2分 （27）配重块选用不正确扣1分 （28）安装配重块位置不正确扣1分分 （29）轮胎动平衡显示数字不为0扣2分 （30）安装车轮，未将螺栓按对角线方式紧固扣1分 （31）未使用扭力扳手紧固车轮扣2分 （32）紧固力矩不正确扣1分 （33）未收回挡块及防护用品扣1分	44				
5	轮胎修补检查结果	（1）轮胎修补部位漏气扣5分 （2）气门嘴与胎唇漏气扣3分 （3）同一位置2次或2次以上安装配重块扣3分 （4）轮胎气压未达到规定值扣2分 （5）组合仪表上的轮胎气压指示灯未清除扣2分	15				
6	现场整理	（1）现场工具、用品使用后未归位扣5分 （2）现场整洁有序、符合6S标准，不符合扣5分	10				
7	安全规范	现场出现违规、危险操作安全隐患扣10分	10				
8	总　　分		100				30%+30%+40%=实际得分
9	小组组长签字：	教师签字：					实际得分：

参 考 文 献

[1] 张德金. 汽车装饰美容使用手册[M]. 北京:机械工业出版社,2004.
[2] 周燕. 汽车美容与装饰[M]. 北京:机械工业出版社,2007.
[3] 阎文兵,姜绍忠. 汽车美容与装饰[M]. 北京:北京理工大学出版社,2007.
[4] 宋东方. 汽车装饰与美容[M]. 北京:化学工业出版社,2009.
[5] 宋孟辉. 汽车美容与保养[M]. 北京:人民邮电出版社,2009.
[6] 祖国海. 汽车美容[M]. 北京:中国劳动社会保障出版社,2014.
[7] 冯培林. 汽车美容[M]. 北京:化学工业出版社,2015.
[8] 覃维献,程玉光. 汽车美容[M]. 北京:北京理工大学出版社,2015.